Ludwig Keller

Grundfragen der Reformationsgeschichte

Eine Auseinandersetzung mit literarischen Gegnern

Ludwig Keller

Grundfragen der Reformationsgeschichte
Eine Auseinandersetzung mit literarischen Gegnern

ISBN/EAN: 9783743663053

Hergestellt in Europa, USA, Kanada, Australien, Japan

Cover: Foto ©Suzi / pixelio.de

Weitere Bücher finden Sie auf **www.hansebooks.com**

Grundfragen

der

Reformationsgeschichte.

Eine Auseinandersetzung mit litterarischen Gegnern

von

Ludwig Keller.

Berlin 1897.

R. Gaertners Verlagsbuchhandlung

Hermann Heyfelder.

SW. Schönebergerstrasse 26.

Vorwort.

Eine litterarische Auseinandersetzung, welche einige Grundfragen der Reformationsgeschichte betrifft, darf ein allgemeines Interesse wohl für sich in Anspruch nehmen. Was hier zwischen den Herren Univ.-Prof. D. Lüdemann (Bern), D. Karl Müller (Breslau), Ober-Bibl. Dr. Herm. Haupt (Giessen), Prof. D. von Nathusius (Greifswald), Pfarrer D. G. Bossert (Nabern) und mir verhandelt wird, betrifft keineswegs bloss Meinungsverschiedenheiten persönlicher Art, sondern der Hauptinhalt aller Erörterungen bezieht sich auf grundsätzliche Fragen von hoher geschichtlicher Bedeutung.

Gleichwohl leugne ich nicht, dass ich meinen Lesern und mir diese Erörterungen lieber erspart hätte; jeder, wer zwischen den Zeilen zu lesen vermag, wird fühlen, mit welchem Widerstreben ich an diese Auseinandersetzungen herangetreten bin; gerade, um solche Fehden zu vermeiden, habe ich in meinen früheren Schriften mich jeglicher Polemik gegen lebende Gelehrte enthalten und einen sachlichen und ruhigen Ton angeschlagen, der absichtlich alles vermied, was die Behandlung dieser ernsten kirchenhistorischen Fragen unnötig hätte erschweren können. Aber meine Bemühungen sind vergeblich gewesen: die immer massloseren Angriffe machen eine Abwehr unbedingt erforderlich. Da ich fürchten muss, dass gewisse Anzapfungen, welche nicht bloss meinen litterarischen Ruf, sondern auch meine persönliche Ehre sich zur Zielscheibe wählen, ebenso meiner öffentlichen Stellung wie der Sache, die ich vertrete, zum Schaden gereichen können, bin ich nicht mehr, wie in früheren Jahren, in der Lage, schweigend an diesen leidenschaftlichen Flugschriften und sogenannten „wissenschaftlichen Kritiken" vorüberzugehen.

Sicherlich haben alle Einsichtigeren längst bemerkt, dass es sich hier keineswegs, wie meine Gegner behaupten, lediglich um die Aufdeckung einer „falschen wissenschaftlichen Methode" handelt: dazu bedurfte es, sollte man denken, des schweren Geschützes nicht, das seit Jahren von vielen Seiten her aufgefahren wird. Vielmehr ist es Thatsache, dass sich diese Sache — sehr gegen meine Absicht — zum Kampf entgegengesetzter Geistesrichtungen ausgeweitet hat, der durch die Entwicklung des neuzeitlichen Parteiwesens — ich verweise auf die unten besprochene Schrift von Nathusius — neue Nahrung und eine grosse Verschärfung zu gewinnen im Begriff ist.

Als ich im Jahre 1875 in die Erörterung dieser Fragen, die allerdings nicht bloss von geschichtlicher, sondern von grundsätzlicher Bedeutung sind, eintrat, konnte niemand ahnen, dass zwanzig Jahre später Parteigruppierungen, wie die heutigen, eintreten würden. Nachdem aber einmal die Entwicklung der Dinge diese Richtung genommen hat, ist es leicht erklärlich, dass heutige Wortführer kirchenpolitischer Richtungen diese Forschungen von ihren Gesichtspunkten aus zu betrachten und zu würdigen beginnen.

Damit ist es sehr wohl vereinbar, dass manche Gelehrte, die in dieser Sache das Wort ergreifen, lediglich von wissenschaftlichem Eifer geleitet sind; aber ich habe Gelegenheit gehabt, zu sehen, dass Männer, die hinter solchen Gelehrten stehen, diese wissenschaftlichen Kritiken als wirksame Pfeile für weitergehende Zwecke benutzen und dass diese Waffen ihr Gift vielfach erst durch die Art der Verwertung erhalten.

Wenn ich jetzt in Wahrnehmung berechtigter Interessen gegen die einen wie gegen die anderen zur Abwehr schreite, so geschieht es zugleich, weil ich die Wahrnehmung gemacht habe, dass auch mein bisheriges Schweigen nicht im Stande gewesen ist, meine Gegner von meiner Friedensliebe zu überzeugen; ich muss fürchten, dass die Fortsetzung meines bisherigen Verhaltens mir lediglich als Schwäche ausgelegt werden würde und dass meine Schriften um so eher zur willkommenen Zielscheibe weiterer Angriffe gemacht werden könnten.

Es ist ganz klar: diese Gegner wollen nicht den Frieden, sondern den Kampf: nun gut, so sollen sie ihn haben.

Berlin-Charlottenburg, am Johannistage 1897.
Berliner Strasse 22.

Dr. Ludwig Keller.

Grundfragen der Reformationsgeschichte.
Eine Auseinandersetzung mit litterarischen Gegnern
von
Ludwig Keller.

„Es giebt kein anderes Gebiet der Geschichte — so schrieb mir am 21. Dezember 1878 Heinrich von Sybel — wo den Autor eine so vielseitige und so unbarmherzige Kritik erwartet, wie das Gebiet der Reformationsgeschichte." „Nicht bloss die wissenschaftliche Kritik (fügte er hinzu) ist es, die hier mitredet, sondern auch die konfessionelle, diejenige Kritik, die von konfessioneller Leidenschaft eingegeben ist."

Sybel hielt diese Warnung deshalb für nötig — er sagt es ausdrücklich — weil er aus meinen Arbeiten[1]) gesehen hatte,

---

[1]) Mit der Reformationsgeschichte begann ich mich seit dem Jahre 1875 (alsbald nach meiner im September 1874 erfolgten Übersiedelung von Marburg nach Münster) zu beschäftigen. In den Jahren 1875—1878 entstand eine grössere Arbeit, eine „Geschichte der Reformation in Nordwestdeutschland", die die Zeit bis zum Jahre 1535 umfasste, aber als erster Teil einer Geschichte der Reformation und Gegenreformation in vier bis fünf Bänden gedacht war. Im Druck erschienen ist von dieser Arbeit in erster Linie der Teil, welcher die Geschichte des Anabaptismus umfasste, unter dem Titel: Geschichte der Wiedertäufer und ihres Reichs zu Münster (Münster, Coppenrath 1880); ausserdem auch der Aufsatz: Zur Kirchengeschichte Nordwestdeutschlands im 16. Jahrhundert (Zeitschrift des Berg. Gesch.-Vereins 1879). Auch die Aufsätze: Zur Geschichte der Wiedertäufer in der Zeitschrift für Kirchengeschichte (Bd. V, Heft 1), Hermann von Kerssenbroik (Zeitschrift für preuss. Gesch. 1878), Zur Geschichte der katholischen Reformation im nordwestlichen Deutschland (Histor. Taschenbuch VI. F. Bd. I 1881), Die Wieder-

dass ich schon damals in Bezug auf einige wichtige Seiten der Reformationsgeschichte andere Wege als meine Vorgänger einzuschlagen im Begriff war. In der That hatte das reiche, zum Teil bisher unbenutzte Urkunden-Material des Staats-Archivs zu Münster, an dem ich damals thätig war, in mir seit 1875 die Überzeugung befestigt, dass in manchen Dingen die geschichtliche Wahrheit Zwang leide, und es erschien mir als Pflicht, der Wahrheit zur Anerkennung zu verhelfen. Auch die Warnung Sybels machte mich um so weniger darin irre, weil ich damals noch der Ansicht war, dass die Aufhellung des wahren Sachverhalts durch keine Polemik werde verhindert werden können.

In den inzwischen verflossenen zwei Jahrzehnten sind nicht viele Jahre vergangen, in denen ich nicht Gelegenheit gehabt hätte, mich an die Worte Sybels zu erinnern. In rascher Folge erschienen zahlreiche Besprechungen, Aufsätze und Streitschriften[1]), die deutlich die Bewegung verrieten, die sich an die neuen Ansichten über die Entwicklung der Reformationsgeschichte knüpften.

Es handelte sich bei diesen Ansichten allerdings um einige Grundfragen der Reformationsgeschichte, die ich in früheren Schriften genau formuliert habe: nämlich erstlich um die von mir vertretene Überzeugung, dass auch innerhalb der evangelischen Welt ein ununterbrochener Entwicklungsgang und eine geschichtliche Kontinuität von einer das 16. Jahrhundert weit übersteigenden Dauer vorhanden ist und dass mithin keineswegs erst mit Luther das Licht des Evangeliums in die Welt gekommen ist; ferner um den Nachweis, dass die Grundsätze der älteren Evangelischen (der Waldenser, böhmischen Brüder u. s. w.) sich seit dem 16. Jahrhundert in einer Reihe kirchlich-religiöser Orga-

---

herstellung der kath. Kirche nach den Wiedertäufer-Unruhen in Münster (Sybels Histor. Zeitschrift 1881 S. 429—456) und Zur Geschichte der Wiedertäufer nach dem Untergang des Münsterschen Königreichs (Westdeutsche Zts. f. Gesch. u. Kunst, Jahrg. 1882, Heft 4) sind aus dem damals gesammelten Material gearbeitet.

[1]) Eine Anzahl der bis zum Jahre 1886 erschienenen Aufsätze und Kritiken über meine Schriften habe ich in meinem Buch über „Die Waldenser und die deutschen Bibelübersetzungen" (Leipzig, S. Hirzel 1886) S. 7 ff. u. S. 174 ff. besprochen. Ausserdem verweise ich auf meine Entgegnung in der Zeitschrift für Kirchenrecht 1886 S. 476 ff., ferner auf meine Erklärungen in der Deutschen Litt.-Ztg. vom 20. April 1889 Nr. 16 (Sp. 619 f.).

nisationen, vor allem in gewissen Richtungen des sog. Anabaptismus und in den aus seinem Schoosse hervorgegangenen Parteien, sodann aber auch in den Gemeinden der Waldenser und böhmischen Brüder, sowie nicht am wenigsten in weiten Kreisen der Reformierten (soweit sie nicht strenge Calvinisten waren) bis auf die Gegenwart fortgepflanzt haben[1]).

Es wäre unrichtig, wenn ich nicht anerkennen wollte, dass viele Kritiker auch dann, wenn sie (wie das in solchen Fällen natürlich ist) an manchen Stellen Widerspruch erheben mussten, sich unbefangen und sachlich geäussert haben; ja, es ist bis zum Jahre 1886 kein einziges Urteil seitens der Historiker im engeren Sinne bekannt geworden, das nicht ruhig und wissenschaftlich gehalten gewesen wäre.

Neben diesen Urteilen aber lief eine erregte Polemik her, vornehmlich in theologischen Zeitschriften, die von Jahr zu Jahr eine heftigere Tonart annahm und die schliesslich die sachlich gehaltenen Meinungsäusserungen der Fachgenossen im engeren Sinne völlig übertäubte.

Viele Jahre hindurch habe ich auf alle Anzapfungen geschwiegen und immer gehofft, dass auch meine Gegner die Streitaxt allmählich begraben würden. Seit dem Jahre 1895 aber beobachte ich, dass, obwohl ich mir nicht bewusst bin, durch damals veröffentlichte Arbeiten dazu neuen Anlass gegeben zu haben, von neuem eine Verschärfung der Tonart, die mich sehr wider Wunsch und Willen zwingt, das bis dahin beobachtete Schweigen zu brechen.

Es ist ja richtig, dass die Herren Verfasser von sich behaupten, dass lediglich die durch meine „Hypothesen" angerichtete wissenschaftliche Verwirrung sie zu wissenschaftlicher Abwehr nötige. Aber ich kann nach den Erfahrungen, die ich im Laufe der Jahre gemacht habe, nicht leugnen, dass ich darin etwas misstrauisch geworden bin. Es berührt mich angesichts des angeschlagenen Tones etwas eigentümlich, wenn die Polemiker versichern, dass der einzige Grund ihres Widerspruchs in der notwendigen Aufdeckung meiner wissenschaftlichen Unfähig-

---

[1]) Dass diese Angabe mit den im 17. Jahrhundert unter den Reformierten in Deutschland und Österreich lebenden Überlieferungen übereinstimmt, wird durch die in den Monatsheften der C.G. 1895 S. 129 und 1896 S. 63 gegebenen urkundlichen Nachweise bestätigt.

keit oder in der erforderlichen Zurückweisung der von mir angeblich begangenen Entstellungen und Verdrehungen gelegen sei.

In einem Aufsatz der Historisch-politischen Blätter (Bd. 99, Heft 1 S. 86) heisst es, meine Schriften und gewisse darin geäusserte Ansichten seien eine „Ausgeburt phantasierender Historik", die man lediglich „der Kuriosität wegen" zitieren könne. Die Veröffentlichung sei um so unerhörter, weil der Urheber ein „preussischer Staats-Archivar" sei. Ebenso hält das Historische Jahrbuch der Görres-Gesellschaft 1886 (Bd. VII Heft 3 S. 477 f.) es für notwendig, mir Fälschungen vorzuwerfen. Nun weiss ich ja, dass die katholisch-klerikale Geschichtsschreibung ihr altes Urteil über die „Ketzer" nicht aufgeben kann, ohne sich selbst aufzugeben, aber das Historische Jahrbuch beruft sich für sein Urteil ausdrücklich auf öffentliche Äusserungen lutherischer Theologen und Kirchenhistoriker; selbst diesen Forschern sei es zu stark gewesen, dass ein preussischer Archivbeamter Behauptungen auszusprechen sich erdreiste, die „in weiten Kreisen nur verwirrend wirken können". Wir werden unten sehen, dass die Berufung auf solche Autoritäten ganz zutreffend ist. Der Ton der Polemik war von vornherein an vielen Stellen ein so massloser, dass besonnene Beurteiler — ich verweise z. B. auf die Äusserungen des Theologischen Jahresberichts Bd. V, 218 — sofort der Ansicht Ausdruck gaben, dass es sich bei diesem Vorgehen um den Versuch handele, einem „unheilvollen Eingriff in die Kirchengeschichte" (wie ein Kritiker meine Arbeiten nannte) thunlichst schnell die Spitze abzubrechen und so rasch als möglich die Wirkungen der gegebenen Nachweise durch Verdächtigung ihrer Zuverlässigkeit abzuschwächen.

Wer in diesen Dingen einige geschichtliche Erfahrungen besitzt, wird sich lebhaft an ähnliche oder verwandte Erscheinungen früherer Zeiten gemahnt fühlen, an Zeiten, deren Erinnerung mir gerade im Zusammenhang mit meinen Studien sehr nahe liegt. Es war ehedem ein Kunstgriff theologischer Polemik, die Gegner entweder durch den Vorwurf mangelnder Rechtgläubigkeit oder mangelnder Wissenschaftlichkeit unschädlich zu machen. Es gab Zeiten, wo das erstere auch Laien gegenüber das wirksamste Kampfmittel war; als aber im 15. und 16. Jahrhundert der Humanismus unter Umgehung der Glaubensfragen die Scholastik in ihren Grundfesten zu erschüttern anfing, da hörte man von allen Seiten den Ruf, dass die Angriffe der „Poeten" und „Grammatiker" lediglich auf Mangel an Wissenschaft beruhten; diese Litteraten, die nicht einmal öffentliche Lehrstühle besässen, kennten von der Wissenschaft und ihrer Methode wenig und hätten als Phantasten überhaupt kein Recht mitzusprechen.

In der That hatte die damalige Wissenschaft, wie sie von deren Vertretern, besonders an den Universitäten, verstanden wurde, das Urteil über die Scholastik festgestellt; wer ein anderes Urteil darüber abgab, stellte sich eben ausserhalb dieser Wissenschaft und ihrer Kreise. Die Schlussfolgerung lag nahe, dass ein angeblich falsches Urteil nur durch falsche Methode, durch Unfähigkeit oder durch Fälschung gewonnen sein könne.

Ich bin nun weit entfernt, die hier in Rede stehenden Kämpfe ihrer allgemeinen Tragweite nach in Vergleich zu stellen; immerhin sind gewisse Ähnlichkeiten, auch in Beziehung auf den jedesmaligen Erfolg, vorhanden. Denn so wenig wie der Feldzug der Scholastiker im Sinne von deren Vertretern ausfiel, so wenig hat die theologische Polemik, welche versuchte, die neuen Auffassungen abzuweisen, Ursache, zufrieden zu sein.

Es ist ja allerdings gewiss, dass in den schwierigen geschichtlichen Fragen, die hier in Betracht kommen, noch nicht Alles fest und klar liegt. Die Behauptung aber, dass die Resultate meiner Forschungen auf dem Gebiete der Reformationsgeschichte lediglich ein Ergebnis wissenschaftlicher Unfähigkeit, also in Bausch und Bogen unzuverlässig seien, ist doch um so befremdlicher, weil bisher jedesmal ganz andere Ansichten laut geworden sind, wenn irgend eine Arbeit von mir an die Öffentlichkeit trat, die das streitige Gebiet der Reformationsgeschichte nicht betraf.

Als ich vor einiger Zeit den Briefwechsel Samuel Pufendorfs mit Christian Thomasius in die Hand bekam, fiel mir eine Stelle auf, die mich in hohem Grade an Sybels Warnung vom Jahre 1878 erinnerte. Als nämlich Thomasius um das Jahr 1688 anfing, sich mit kirchengeschichtlichen Studien zu beschäftigen, hielt es Samuel Pufendorf für seine Pflicht, ihm eine ernste Mahnung zur Vorsicht zuzusenden. „Allerdings, schreibt

Pufendorf unter dem 30. Dezember 1688 an den Freund[1]), sei die „Historia ecclesiastica von den nobelsten Stücken der Erudition"; „allein, fügt er hinzu, es ist auch ein studium difficillimum. Denn es wird dieses Studium anders traktiret von einem Theologo, anders von sonsten einem ehrlichen Mann". Auch sei wohl zu beachten, „dass die alten Patres eben die Vitia gehabt, so sich insgemein noch itzo bei dem Ordine theologico finden und sonderlich, dass sie auch gewusst haben die Kunst, alteri alienum sensum et mentem affingere und Manchen zum Ketzer gemacht, der es ganz nicht meritiret". Auch wolle ein jeder alles nur nach dem Interesse und der Meinung seiner eigenen Religionsgemeinschaft beurteilen und beurteilt wissen. Thomasius werde, sobald er das Studium der Kirchengeschichte vornehme, die Wahrheit dieser Dinge bald bemerken.

Keine der neueren wider meine Bücher erschienenen Streitschriften lässt das Zutreffende der Beobachtungen Pufendorfs deutlicher erkennen, als die vor einigen Monaten herausgekommene Schrift „Reformation und Täufertum in ihrem Verhältnis zum christlichen Prinzip" von H. Lüdemann, ordentl. Professor der Theologie in Bern[2]).

Obwohl ich an eine ziemliche Heftigkeit des Tons gewöhnt bin, so kann ich doch nicht leugnen, dass der erneute Eindruck der Ungehörigkeit solcher „wissenschaftlicher" Kampfweise ein sehr starker war. Die Herren Kritiker behaupten zwar unentwegt, nichts anderes leite sie, als die „Wissenschaft", aber die Leidenschaft, mit der sie die Dinge und Personen behandeln, verrät doch immer wieder, dass es konfessionelle Erregung ist, die ihnen die Feder in die Hand drückt.

Und leider muss ich sagen, dass Lüdemann ebenso wenig in der Behandlung meiner Person wie der geschichtlichen Erscheinungen, die er bespricht, die Ruhe und Sachlichkeit bewahrt hat, die derjenige am wenigsten verleugnen sollte, der sich als Wächter und Vertheidiger der wahren Wissenschaft und der wahren Methode gegen eine angeblich falsche Wissenschaft und eine falsche Methode aufwirft.

---

[1]) Briefe Samuel Pufendorfs an Christian Thomasius (1687—1693). Hrsg. und erklärt von Emil Gigas. München u. Leipzig 1897 S. 35.
[2]) Verlag von W. Kaiser in Bern. 95 S. 8°.

Schon früher habe ich dagegen Verwahrung eingelegt, dass mir bei meinen Untersuchungen die Absicht vorgeschwebt habe, Luther und die Reformatoren herabzusetzen oder die ältere evangelische Opposition und ihre Nachfolger emporzuheben. Ich versichere hier wiederholt und in aller Form, dass der Gesichtspunkt, irgend einer der bestehenden Parteien zu nützen oder zu schaden, mir bei der Darstellung der Reformationsgeschichte fern gelegen hat. Ich bin als Historiker und nur als Historiker an diese Dinge herangetreten und mein Streben war, die geschichtliche Wahrheit, wie sie sich mir nach Prüfung der Quellen darstellte, an das Licht zu bringen. Jeder, der mich näher kennt, wird Fernerstehenden die Richtigkeit dieser Thatsache bestätigen. Es wäre in der That auch heute noch ein sehr thörichtes Beginnen, die Wege zu gehen, die ich gegangen bin, und zu glauben, dass man damit etwas anderes als Kämpfe und Schwierigkeiten aller Art ernten würde.

Wenn ich, obwohl ich dies wusste — ich verweise auf die im Herbst 1884 geschriebene Vorrede zu meiner Geschichte der Reformation und der älteren Reformparteien —, kein anderes Bild, als das von mir gegebene, habe zeichnen können, so ist das doch ein starker Beweis dafür, dass irgend welche ausserhalb der Sache liegende Antriebe mich nicht bestimmt und geleitet haben. Die Versuchung, eine „tendenziöse" Darstellung zu geben, hätte doch unzweifelhaft auch für mich viel mehr auf der Gegenseite gelegen.

Auch räume ich durchaus ein, dass der Weg, den die Reformatoren einschlugen, vielleicht die einzige Möglichkeit bot, freie Bahn für die Entwicklung einer neuen Zeit zu schaffen und den Acker von dem ungeheueren Gestrüpp zu reinigen, das jede Aussaat neuer Keime bis dahin unmöglich gemacht hatte.

Aber ich muss mit dem Führer der Pilgerväter, John Robinson, sagen (1620), dass ich den Zustand derjenigen Kirchen beklage, die zu einem Abschluss in der Religion gekommen zu sein wähnen und die nun bei Luther oder Zwingli stehen bleiben zu müssen meinen. Wenn diese Männer heute lebten, würden sie, wie Robinson sagt, die weitere Erleuchtung Gottes ebenso gewiss annehmen, wie damals die zuerst empfangene.

Überhaupt kann ich mir das Recht einer freien Kritik Luthers und der Reformatoren nicht nehmen lassen. Gerade bei der Beurteilung Luthers und seiner Theologie ist die Möglichkeit verschiedener Auffassungen deshalb eine sehr grosse, weil die Äusserungen des Reformators oft gerade über sehr wichtige Punkte eine verschiedenartige Auslegung zulassen. Indem es mir für die wissenschaftliche Klarstellung der innerprotestantischen Kämpfe des 16. Jahrhunderts darauf ankam, den Widerspruch erklärlich zu machen, den manche Äusserungen Luthers bei seinen evangelischen Gegnern fanden, war ich genötigt, gerade solche Aussprüche herauszustellen, die ebenso noch heute entgegengesetzten Auslegungen und Ausdeutungen unterliegen, wie es ehemals der Fall war. In erster Linie handelt es sich dabei um Äusserungen, die Luther über das Verhältnis von Glauben und Werken gethan hat.

Es ist nun in der That beneidenswert, wie klar Lüdemann die vielumstrittenen Meinungen Luthers über die Beziehungen zwischen Religion und Sittlichkeit erkannt hat. Seit dem Jahre 1525 sind bekanntlich die Lutheraner in zahlreiche Schulen zertrennt gewesen, weil jede über die bezüglichen Meinungen Luthers eine andere Ansicht hegte. Im Jahre 1559 schrieb Luthers Schüler Nicolaus Amsdorf die bekannte Schrift:

„Dass diese Propositio: gute Werke sind zur Seligkeit schädlich, eine rechte, wahre christliche Proposition sei, durch die Heiligen, Paulum und Lutherum gelehrt und gepredigt."

Andere Schüler Luthers widersprachen Amsdorf; es kamen die Majoristen, Flacianer, Antinomisten, Synergisten, Osiandristen u. s. w. — alle nannten sich getreue Schüler Luthers — und jede Faktion hatte eine neue Ansicht über Luthers Meinung in Sachen des Seelenheils und der Sittlichkeit. Und auch heute noch dauern die gleichen Meinungsverschiedenheiten fort. Diejenigen, die in Männern wie Löhe und Vilmar ihre Wortführer erkennen, sind anderer Ansicht, als die, die sich um Ritschl scharen und die Vertreter der positiven Union anderer als die, die sich deutschevangelisch nennen, um von den Liberalen ganz zu schweigen. Es ist daher klar, dass Luthers bezügliche Aussagen und Meinungen eine verschiedenartige Auslegung möglich machen, und es ist deshalb empfehlenswert und billig, dass ein Beurteiler solcher Auslegungen bei seinem Widerpart bis zum Beweise des Gegenteils die bona fides voraussetzt.

Lüdemann glaubt indessen nicht, dass er mir den guten Glauben zubilligen könne. Er sagt vielmehr ausdrücklich, das Bild, das ich von Luther gebe, „sei auf Abschreckung berechnet"

(S. 72); „der Refrain aller von mir vorgebrachten Beschuldigungen und Verdächtigungen" sei der, dass Luther „die peinlichste Gleichgültigkeit gegen die ethische Seite des Christentums an den Tag gelegt habe" (S. 73); gerade diese Beschuldigung aber sei eine „Verläumdung" (S. 73). Alles, was ich schreibe, ist „ein Gemisch von Wahrheit und Verdrehung" (S. 72). „Auf wenigen Seiten leiste ich (nach Lüdemann S. 69) eine Entstellung von Luthers reformatorischen Gedanken, wie sie uns schmählicher kaum auf ultramontaner Seite begegnen könnte."

Nach Lüdemann (S. 53) habe ich durch mein Buch über Denck (1882) meine „Unfähigkeit an den Tag gelegt, den Standpunkt meines Helden in seinem Verhältnis zu dem der Reformatoren zu erkennen und richtig zu charakterisieren". In einer anderen Schrift (Johann v. Staupitz 1888) habe ich angeblich „eine so radikale, so beispiellose Verkennung" des genuinen Prinzips der Reformation geleistet, „dass damit die Fähigkeit eingebüsst ist", zu unterscheiden, was Lüdemann für unterscheidungsbedürftig hält (S. 73). Es fehlt Keller an der „historischen Gerechtigkeit" (S. 79); er ist ein Opfer und ein drastisches Beispiel der „Verwirrung", in „welche theologisierende Laien leicht zu verfallen pflegen". Die „Theologisierenden" werden sich um so eher auf Lüdemanns Standpunkt stellen, „je umfassender ihr empirischer Horizont ist".

Es ist ja nicht zu verwundern, wenn ein so strenger und so fähiger Kritiker sich über die Fähigkeiten seiner heutigen Gegner weit erhaben fühlt. So weit es nicht „Verdrehungen" und „Entstellungen" sind, welche die Abweichungen von Lüdemanns Ansichten herbeiführen, ist es eben ihre Unfähigkeit, die die Schuld trägt[1]).

---

[1]) Lüdemann wirft mir (S. 69 Anm. 1) die Fälschung eines Citats aus Köstlin vor. In meinem Buch über Johann v. Staupitz heisst es S. 139: „Luther betonte es stets — er hat sich oft in diesem Sinne geäussert —, dass von dem Wege des Heils alle Werke und Leistungen ausgeschlossen sind, fügte aber immer zugleich hinzu, dass der Glaube diejenige ‚Leistung' des Menschen ist, für welche Gott seinerseits dem Menschen das ewige Heil zu Teil werden lässt." In einer Anmerkung hatte ich mich auf Köstlin, Luthers Theol. I, 145, bezogen und hinzugefügt, dass ich dies fast wörtlich Köstlin entnehme. Ich hätte allerdings sagen sollen, dass ich das von mir mit Anführungszeichen versehene Wort „Leistung" aus Köstlin entnehme, denn die blossen Anführungszeichen reichten

Und wie seine heutigen Widersacher, so sieht er auch die damaligen Gegner Luthers und seine eignen, vor allem die „Täufer", weit unter sich an Fähigkeiten.

Nach ihm sind letztere Bauerntheologen von „misstrauischer Hartköpfigkeit", „die nicht gern von ihren eingelernten Schlagworten loslassen" (S. 49); das Ansehen, das Denck rasch unter seinen Anhängern gewann, erklärt sich aus dem „theologischen Idiotismus" dieser Anhänger (S. 54), denen das „Ungenügende seines Standpunktes nicht durchsichtig war"; wer möchte wünschen, sagt Lüdemann, die freie Kraft der „protestantischen Nationen in den kindischen Heiligkeitsillusionen beschränkten Conventikel-Christentums lahmzulegen"(S.78); in gleichem Sinn spricht er von „Illusionen beschränkter Bauernheiliger" und fasst das Ergebnis seiner Betrachtungen in die Worte zusammen: Es wäre thöricht, wenn wir (die Theologen) uns unserer Erfahrungen entäussern und „den Standpunkt eines religiös wie wissenschaftlich gleich unreifen theologi-

---

nicht aus, um ein Missverständnis auszuschliessen. Der Inhalt der Stelle bei Köstlin, Luthers Theol. I, 145, ist folgender. Nach Prüfung der Ansichten Luthers bis einschliesslich des Jahres 1517 (S. 64—145) könne man, meint Köstlin, zur genaueren Bestimmung von Luthers Meinung darüber streiten, „wiefern wirklich jener Weg zum Heil im ‚Glauben Christi' bestehe — wiefern dieser Glauben solches ausrichte". „Zunächst sind zahlreiche Aussprüche zu beachten", fährt Köstlin fort, „in welchen der Glaube selbst hiebei als eine Gott dargebrachte Leistung — alle hier gesperrten Worte sind von Köstlin gesperrt worden — geschätzt zu werden scheint. (Folgen Hinweise auf zahlreiche Stellen, in denen in der That der Glaube als Leistung erscheint.) Allein andererseits muss doch sogleich wieder darauf als das eigentlich entscheidende Moment hingewiesen werden, dass ja doch der Glaube, abgesehen von seinem Gegenstande, welchem gegenüber er auf alles Eigene verzichtet, gar nichts ist und hat" ... Hier werden also nicht Äusserungen Luthers, sondern Schlussfolgerungen Köstlins gegeben, um den Schein der „Leistung" abzuschwächen. Aber K. selbst nimmt seine Schlussfolgerungen und Erwägungen sofort, der Beweiskraft von Luthers Äusserungen gegenüber, wieder zurück. „Die zunächst ausgehobenen Sätze", sagt Köstlin, „können und müssen auch so in ihrem vollen Gewicht, das sie für Luther haben, anerkannt werden ... Eine nähere Auseinandersetzung über das Verhältnis dieser Momente hat er nirgends zu geben versucht." Es bleibt also bei dem Eindruck, dass Luther den Glauben als Leistung schätzt. Lüdemann wirft mir vor, dass ich die Stelle unterdrückt habe, in denen Köstlin auf „die sachlichen Momente hinweist, welche schon für diese Periode von Luthers Theologie diesen Schein schen Idiotismus zum Gegenstand unser Bewunderung machen wollten" (S. 89). Die Ansichten und Überzeugungen der „Täufergemeinden" erklären sich daraus, dass ihnen nur „beschränkte und geringfügige Erfahrung zu Gebote stand". Dies ist in „Laienkreisen, insbesondere geringeren Bildungsgrades, das Gewöhnliche". „Eine umfassendere Kenntnis der Religionsgeschichte bereichert die christliche Erfahrung um ein Beträchtliches. Uns als Theologen steht diese Bereicherung vollauf zu Gebote" (S. 89).

Ähnlich ist das wissenschaftliche Verfahren, das Lüdemann in der Beurteilung aller ihm unsympathischen Parteien, z. B. auch der altchristlichen Zeiten und Zustände einzuschlagen für gut findet. Es liegt uns fern, hier in eine Prüfung der Richtigkeit dieser Urteile einzutreten, es kommt nur darauf an, die Methode und den Ton zu charakterisieren. „Schon im zweiten Jahrhundert war das Christentum Christi praktisch zu einer neuen Gesetzesreligion entartet" (S. 26) und diese Entartung wurzelt im urapostolischen Christentum" (ebenda). „Schon bald sah sich diese subalterne und kurzsichtige Auffassung (des

---

zerstreuen". Warum aber unterdrückt Lüdemann seinerseits die letzten Sätze Köstlins und wie kommt er dazu, Erwägungen und Meinungen Köstlins „sachliche Momente" zu nennen? Wie nennt man solche Citationsmethode? Aber noch in einem anderen Punkte soll ich eine Art Fälschung dieses Citats vorgenommen haben, indem ich nicht auf die Thatsache verwies, dass K. hier von einer älteren Periode der Theologie Luthers handelt. Ich hatte gesagt, dass Luther die Ansicht des Glaubens als einer Art von „Leistung" immer festgehalten habe, ohne jedoch dieses „immer" als Meinung Köstlins zu bezeichnen. Dagegen behauptet Lüdemann, Köstlin handle von Luthers Theologie vor 1517. Das ist eine unrichtige Angabe. In Wirklichkeit spricht K. in erster Linie von den Schriften Luthers aus 1517, d. h. des Jahres, in welchem nach Köstlins Worten Luther schon der volle Luther der Reformation ist. Köstlin sagt I, 144: „Die Grundelemente seiner Lehre, wie sie sich später gestaltete, lassen alle schon hier sich angedeutet finden." Dazu vgl. Köstlin a. a O. I, 125. Also auch hier kann weder von Fälschung noch von Entstellung die Rede sein. Sehen wir indessen einmal ganz davon ab, ob Köstlin richtig citiert worden ist oder nicht. Ist es denn aber wirklich eine „Entstellung", wenn man sagt, dass Luther sich den Glauben als eine Art von „Leistung" vorgestellt hat? Ich habe den Ausdruck Leistung nur gebraucht, weil ich ihn bei Köstlin fand; ich hätte auch sagen können, dass Luther sich den Glauben als eine That oder als ein Werk vorstellt. Oder war dies etwa Luthers Ansicht nicht? Warum sagt er dann im ersten Hauptstück seines Katechismus: „Was muss ich thun, dass ich selig werde? Antwort: Glaube an den Herrn Jesus Christus".?

Christentums der ersten Jahrhunderte) in neuen Verwickelungen. Schon um die Mitte des 2. Jahrhunderts hatte man (d. h. die Christen) in den Christengemeinden sehr ernüchternde Erfahrungen gemacht . . . . . Arge Verweltlichung riss schon damals in der Christenheit ein und alsbald erhob sich immer deutlicher und drohender das dieses ganze ‹Christentum› gefährdende Problem u. s. w."

Es leugnet, soviel mir bekannt ist, Niemand, dass von einem „schlichten apostolischen Christentum der ersten drei Jahrhunderte" in Bausch und Bogen nicht gesprochen werden darf, dass vielmehr Gutes und Böses damals wie später gemischt war, aber es ist doch eine starke Leistung, wenn die Vertreter der „paulinischen Auffassung" (zu denen Lüdemann sich zählt) ganz allgemein erklären, dass das „Christentum Christi", das unter Beiseitedrängung der paulinischen Auffassung aufkam, schon im zweiten Jahrhundert entartet war, dass diese Entartung im „urapostolischen Christentum" wurzelte, und wenn zugleich angedeutet wird, dass dies Christentum eigentlich nur angebliches Christentum gewesen ist.

Aus dem Zusammenhang der weiteren Erörterungen ergiebt sich, dass von den Zeiten des urapostolischen Christentums bis auf Luther die Welt im Finstern gelegen hat und dass erst Luthers Evangelium (natürlich in dem Sinn, wie Lüdemann es auslegt) die christliche Welt über den Inhalt des Christentums im Anschluss an Paulus wahrhaft aufgeklärt hat, allerdings mit einigen Einschränkungen, denn es ist nur die Anschauung der „fortgebildeten protestantischen Theologie" (S. 86), die Lüdemann anerkennt. Die Folge dieser Fortbildung ist, „dass eine Reihe von Dogmen, z. B. Gottesbegriff, Christologie, Gnadenmittellehre umgestaltet, andere, z. B. die Lehren vom Urstand, Erbschuld, stellvertretende Genugthuung Christi abgelehnt werden". (S. 87 f.)

Dieser wissenschaftlichen Würdigung der altchristlichen Zeiten schliesst sich dann die „wissenschaftliche" Würdigung des Täufertums mit gleichem Erfolge für die Beurteilten an.

Sehr charakteristisch für die hierbei befolgte wissenschaftliche Methode ist die Auswahl der Quellen, auf welche Lüdemann seine Beurteilung des Täufertums stützt: es ist das Protokoll des Religionsgespräches, das zwischen reformierten

Predigern und einigen Bauern zu Zofingen im Jahre 1532 statt fand und das dann von dem reformierten Magistrat der Stadt Bern in den Druck gegeben wurde. Es ist unbestreitbar, dass die Abhörung einiger Bauern, wie sie hier stattfand, keine ausreichende Unterlage für die Beurteilung einer grossen geistigen Bewegung und weitverbreiteten Religionsgemeinschaft bildet; sie kann höchstens hülfsweise zugelassen werden und besitzt überall da keinen Wert, wo den Aussagen Berichte aus anderen zuverlässigen Quellen entgegen stehen. Lüdemann aber macht die Aussagen dieser „Bauerntheologen" zur Unterlage für die Beurteilung der „Grundüberzeugungen" des Täufertums. Auf diesem Wege war es natürlich nicht schwer, in den unbeholfenen Ausdrücken dieser Leute „unsinnige Konsequenzen" (S. 50) aufzufinden oder ihnen „Buchstäbelei" nachzuweisen und ihnen allerlei sonderbare und verdächtige Meinungen anzudichten. Es werden an diesen Aussagen die „urkatholisch-gesetzlichen Auffassungen des Täufertums" dargethan und nachgewiesen, dass dessen Standpunkt mit dem „des gesetzlichen Rigorismus (des Mittelalters) identisch ist"; es wird die Thatsache aufgezeigt, dass ihnen „die religiös-sittliche Erfahrung, auf welcher das evangelische Prinzip ruhe, noch abgeht" (S. 53) u. s. w. Was würde sich wohl aus den Aussagen einiger lutherischer Bauern in Sachsen oder Thüringen, die etwa um dieselbe Zeit über ihren Glauben befragt worden wären, für eine „Grundüberzeugung" des Protestantismus herauslesen lassen, wenn man diese Aufgabe in die Hand eines Gegners legte?

Nun ist ja allerdings richtig, dass Lüdemann an zweiter Stelle noch eine andere Quelle kennt, nämlich einige (nicht alle) Schriften Dencks, der, wie Lüdemann anerkennt, zeitweilig „zum Führer der Bewegung emporstieg". Aber anstatt an der Lehre dieses Führers die Lehre des „Täufertums" zu messen, macht er umgekehrt das „Täufertum", d. h. die Bauerntheologie, die er zum Inhalt jenes Begriffs gemacht hat, zum Massstab, an welchem Dencks Lehre gemessen wird[1]). Das auf diesem

---

[1]) Nach Lüdemann trifft Denck mit den Täufern nur in einigen Punkten zusammen, in andern steht er auf dem Boden der Mystik, und das Ergebnis ist, dass Denck „eine Mittelstellung zwischen dieser und dem Täufertum einnimmt" (S. 54). „Die rasche Verbreitung seines Ansehens erklärt sich, wie oben bemerkt, aus dem theologischen Idiotismus

Wege gewonnene Bild und die aus diesen Quellen abgeleiteten Grundsätze werden dann als charakteristische Merkmale einer grossen und weit verbreiteten religiösen Bewegung ausgegeben und mit ihnen wird der Protestantismus und die Kirche der Reformation in Vergleich gestellt.

Wer, wie der Verfasser dieser Zeilen, weder diese Methode noch das durch sie erzielte Ergebnis für zutreffend hält, beweist durch seinen Widerspruch angeblich lediglich Mangel an wissenschaftlicher Methode und wissenschaftlicher Kritik.

Allerdings, wenn diese Methode „wissenschaftlich" ist, dann gestehe ich gern, dass ich darauf verzichten muss, mich zu ihren Vertretern zu zählen. Ich war und bin der Ansicht, dass auf dem von Lüdemann in Übereinstimmung mit seinen Vorgängern in der Kirchengeschichte eingeschlagenen Wege sich unmöglich ein unparteiisches und wahrheitsgemässes Bild von den geschichtlichen Erscheinungen gewinnen lässt, die man unter dem Namen „Anabaptismus" — es hat nie eine Partei gegeben, die sich selbst so genannt hätte — zusammenfasst.

In den Kritiken, die seit Jahren meinen Weg begleiten, ist bis zum Überdruss die Behauptung wiederholt worden, es sei ein „unwissenschaftliches Verfahren", wenn ich versuche, das Wesen dieser Richtung unabhängig von örtlichen und landschaftlichen Trübungen und Färbungen aus ihrer Gesamtgeschichte heraus zu begreifen und begreiflich zu machen.

Dieselben Kritiker freilich, die tadelnd bemerken, dass ich die Abwandlungen, in denen diese Bewegung Gestalt gewonnen hat, unter einen Gattungsbegriff zu bringen bemüht bin, machen sich gar nichts daraus, so grundverschiedene Männer, wie z. B. Joh. Denck, Thomas Münzer und Joh. von Leyden als „Wiedertäufer" in einen Topf zu werfen und beliebige, von deren Trägern stets als Scheltnamen bezeichnete Sektennamen in unzutreffendster Weise zur Kennzeichnung heterogener Strömungen zu verwenden.

---

seiner Anhänger." Zu den Punkten, in denen Denck mit den Wiedertäufern zusammentrifft (es sind nur einige nach Lüdemann), gehört auch die „separatistische Tendenz" (S. 60). Ganz ist er nicht „in dieser Illusion beschränkter Bauernheiliger befangen" (S. 61). Es bleibt also dabei: die kennzeichnenden Merkmale des Täufertums sind in den Bekenntnissen der Bauern aus Zofingen zu finden und Denck ist soweit „Täufer", als seine Aussagen mit denjenigen dieser Bauern übereinstimmen.

Ja, ganz nebensächliche Lehrpunkte und Ansichten, die bei einigem Überblick über die Gesamtgeschichte der Bewegung sofort als vorübergehende Schulmeinungen oder Hirngespinnste einzelner Köpfe erkennbar sind, werden bei Handhabung der obigen angeblich wissenschaftlichen Methode in unzutreffender Weise zu wesentlichen Bestandteilen der eigentlichen Lehre und zu kennzeichnenden Merkmalen der ganzen Partei gestempelt.

Dieselben Gelehrten, die es weit abweisen würden, wenn etwa ein katholischer Autor das konfessionelle Luthertum als den eigentlichen und wahren Protestantismus schildern und darstellen wollte und die einen solchen Gegner sehr bald darüber belehren würden, dass es im Protestantismus eine Reihe von Erscheinungsformen giebt — man braucht ja nur an Luthertum, Zwinglianismus, Calvinismus und Pietismus zu erinnern —, deren keine in ihrer Eigenart das Wesen des Protestantismus völlig rein zur Darstellung bringt, dieselben Gelehrten, sage ich, halten es für einen Mangel an wissenschaftlicher Methode, wenn man versucht, die Sonderbildungen der täuferischen Bewegung als Zweige eines Stammes nachzuweisen und wenn man es ablehnt, ein Bild für zutreffend zu halten, das auf Grund mangelhafter Quellenbenutzung gewonnen worden ist.

Eine Geschichte und Charakteristik des sog. Anabaptismus nach den schweizerischen oder süddeutschen Ereignissen der Jahre 1525—1535 zu zeichnen ist ganz unmöglich und wissenschaftlich nicht statthaft. Denn unter dem Druck der unerhörten Verfolgung, unter der seine Anhänger damals zu wirken gezwungen waren, fehlte ihnen die Förderung wie die Zügelung, die aus der freien und öffentlichen Bethätigung des Glaubens erwächst. Wenn ein katholischer Schriftsteller in Spanien eine Geschichte der lutherischen Kirche schreiben und sich dabei etwa für seine Charakteristik auf die in seinem Heimatlande ihm entgegentretende Erscheinungsform des Luthertums stützen wollte, so würde Jedermann diese Methode gewiss sehr unwissenschaftlich finden. Aber eine Geschichte der grossen religiösen Bewegung, die man unter dem Namen des Anabaptismus zusammenfasst, glaubt jeder Forscher lediglich nach den ihm am nächsten liegenden Erscheinungsformen irgend eines Landes schreiben zu dürfen, ohne dass man ihm angeblich den Charakter einer „wissenschaftlichen Methode" streitig machen darf. Wir empfehlen Herrn Professor Lüdemann und anderen Herren, ehe sie sich in Urteilen allgemeiner Art über das „Täufertum" ergehen, die Lektüre eines Buches wie das von Hermann Weingarten über „die englischen Revolutionskirchen" (Leipzig 1868), d. h. die Geschichte des sog. Anabaptismus in einer Zeit und in einem Lande, wo die Entwicklung der Dinge ihm einigermassen gestattete, seine Prinzipien auszuleben und sich wenigstens zeitweilig in freier Bewegung zu entwickeln.

Hierzu kommt noch ein Anderes. Für Kirchen und Kirchenlehrer, welche das Wesentliche des religiösen Gemeinschaftslebens in der Glaubenslehre suchen, mag die Versuchung nahe liegen, auch das Wesen anderer Religionsgemeinschaften in der Lehre und dem Bekenntnis zu finden. Sicher ist aber, dass derjenige, der die Eigenart des „Täufertums" kennen lernen will, gänzlich fehl geht, wenn er auf eine Vergleichung von Lehrpunkten den Nachdruck legt. Das Wesen des „Täufertums" kommt durchaus nicht in erster Linie in der Lehre zum Ausdruck; vielmehr dürfen hier weniger als bei irgend einer Kirche oder Gemeinschaft die Bekenntnisse zur Unterlage für eine unparteiische Würdigung gemacht werden.

Nicht in einem System von Dogmen oder Glaubens-Ansichten, sondern im Gemeindeleben liegt der Kern und das Wesen dieser Form des Christentums, und es ist sozusagen nur ein Begriff oder eine Lehrmeinung kennzeichnend für sie, nämlich der Begriff der Gemeinde, d. h. der Kirchenbegriff, der bei ihnen in gleicher Weise in allen Ländern wiederkehrt. Während für sie Bekenntnisse, wie sie z. B. im Zofinger Gespräch vorliegen, meist nur von der Not abgepresste, örtlich oder landschaftlich gültige Lebensäusserungen waren, konzentriert sich ihr ganzes Streben auf die Ausgestaltung des Gemeindelebens in Gottesdienst, Gebet, Liebeswerken, Verfassung und Cultus.

Die Kirche der Augsburger Konfession erkannte und erkennt die wahre Kirche am consensus de doctrina evangelii et administratione sacramentorum (August. VII) und es ist, wie gesagt, ganz erklärlich, dass dieses Erkennungszeichen von Angehörigen dieser Kirche leicht zum Massstabe gemacht wird, an dem sie andere Gemeinschaften messen. Aber unter den „Täufern" haben geschichtlich und national bedingte Lehrverschiedenheiten stets bestanden und bestehen können, weil sie die Einheit der Gemeinde dadurch keineswegs bedroht sahen. Ein allein selig machendes Bekenntnis haben sie ebenso wenig je gekannt wie eine allein seligmachende Kirche.

Wer das Bedürfnis empfindet, den Wert einer Gemeinschaft in Anlehnung an bekannte Schlagworte und Schablonen daran zu messen, wie weit angeblich ihre „Lehren" noch im Mittelalter und im Katholizismus stecken, der mag darüber streiten, ob Luther oder Zwingli oder die „Täufer" am meisten „mittelalterlich" und „katholisch gerichtet" waren. Inbetreff des Kirchenbegriffs, der doch sicher zu den Grundanschauungen jeder Gemeinschaft gehört, muss jedenfalls festgestellt werden, dass derjenige Luthers der römisch-katholischen Lehre von der Kirche am nächsten geblieben ist, während derjenige der „Täufer" sich am weitesten davon entfernt. Ob die letzteren sonst noch hier und da in katholischen Anschauungen stecken, mag dahin gestellt bleiben; sicher ist allerdings, dass in dieser Gemeinschaft ebenso wie in der katholischen Kirche für weltflüchtige wie für weltförmige Gemüter — letzteres Wort in gutem Sinne genommen — Raum vorhanden und durch feste Einrichtungen besser gesorgt war als in den protestantischen Kirchen, die in erster Linie auf die Bedürfnisse der letzteren Rücksicht zu nehmen für geboten hielten.

Ich sage ausdrücklich: für weltflüchtige und für weltförmige Gemüter. Denn diejenigen, die zu behaupten pflegen, das „Täufertum" sei lediglich ein System der Weltflucht, Askese und Weltentsagung gewesen, übersehen ganz, mit welcher Energie diese Gemeinschaft auf die Verwirklichung der Idee des Reiches Gottes auf Erden gerichtet war. Gewiss tritt bei ihnen eine stark ausgeprägte Innerlichkeit des Gemütslebens hervor, die sich vor der Feindseligkeit, mit der die Welt sie behandelte, gern in die Stille zurückzog und an den gangbaren Freuden der Welt wenig Gefallen fand; aber gleichzeitig beherrschte sie ein starker Zug auf das Diesseits, das sie auf Grund der sittlich-sozialen Forderungen der Lehre Christi, wie sie sie verstanden, besser, gerechter und freier für alle Menschen zu gestalten strebten. Das Reich, das Christus gründen wollte, und das er selbst als den Inhalt seiner Botschaft bezeichnet hatte (Matth. 10, 7), betrachteten sie keineswegs bloss als ein Reich von jener Welt, sondern als einen Zustand der menschlichen Gesellschaft, in welchem gemäss den Weissagungen der Propheten eine vollkommen sittliche Gerechtigkeit das Erbteil aller Völker werden solle.

Das Christentum war für sie eine Lebensauffassung, nicht eine Lehre und nicht ein lehrhaftes oder weltflüchtiges, sondern ein weltumgestaltendes und weltüberwindendes Christentum schwebte ihnen vor. Die Gemeinde war nicht als eine Anstalt für Predigt oder Gnaden-Vermittelung, sondern als eine Organisation der sittlich-religiösen Lebensverhältnisse und als wahre Gemeinschaft des ganzen Lebens nach den Normen des Christentums gedacht. Nicht auf die Schaffung eines Lehrgebäudes oder auf dessen theologische Ausgestaltung, noch auf die Errichtung einer mächtigen Hierarchie und glänzender Cultusstätten ging ihr vornehmstes Streben: nach ihrer Ansicht waren die Menschen-Seelen die wahren Tempel, an deren Aufbau und Läuterung die Gesamtheit zu arbeiten berufen war. Alle ihre Einrichtungen waren darauf berechnet, der Erziehung und Entwicklung der schlummernden Kräfte zu dienen und die in den Einzelnen vorhandenen Geistesgaben durch Anteil am Gemeindedienst zum Nutzen der Gesamtheit wirksam zu machen.

Ich finde es im Grunde ganz erklärlich, dass diejenigen, die zu Hütern und Verteidigern einer abweichenden Auffassung des Christentums gesetzt sind, es für ihre Pflicht erkennen, jene Gedanken überall, gleichviel in welcher Gestalt sie wieder die öffentliche Meinung beschäftigen, zu bekämpfen. Zu wünschen wäre nur, dass man nicht die angebliche Wahrheitsfälschung oder die wissenschaftliche Unfähigkeit als Beweggründe des Widerspruchs vorschieben, sondern offen erklären wollte, dass es die gewaltige Anziehungskraft dieser Gedanken ist, die man bekämpfen zu müssen glaubt, weil man sie im Interesse der eignen Geschichtsbetrachtung fürchtet.

Trotz der seit dem Jahre 1885 immer wieder von mir abgegebenen Erklärungen, dass die Urteile, die ich über die Geschichte der „altevangelischen Gemeinden" abgebe, keine Urteile über das Täufertum sind, fahren meine heutigen litterarischen Gegner fort, den Begriff und das Wort Täufertum allen meinen Urteilen unterzuschieben. Dieses Versehens — oder wie soll ich es nennen? — macht sich auch Lüdemann schuldig.

Den Begriff, den ich mit dem Ausdruck „altevangelische

Gemeinden" verbinde, habe ich wiederholt — ich verweise z. B. auf meinen zu Berlin im Jahre 1887 gehaltenen Vortrag[1]) „Zur Geschichte der altevangelischen Gemeinden" — bestimmt und klar umgrenzt und niemand hat das Recht, zu behaupten, dass ich über den Inhalt desselben die Welt im Unklaren gelassen habe.

Ich war und bin der Ansicht, dass diese Geistesrichtung — denn um eine „Kirche" handelt es sich hier nicht — **eine selbständige Grundform christlichen Lebens** darstellt, obwohl sie, ähnlich wie der Protestantismus, in einer Reihe von verschiedenen geschichtlichen Erscheinungsformen im Laufe der Jahrhunderte Gestalt gewonnen hat. Wenn man berechtigt ist, Lutheraner, Calvinisten, Pietisten u. s. w. zusammenfassend als Evangelische zu bezeichnen, so darf man mit gleichem Recht behaupten, dass Waldenser, böhmische Brüder, Täufer, ein grosser Teil der Reformierten u. s. w. in geistiger Beziehung ebenfalls ein Ganzes bilden. Diese Richtung als ein Ganzes aber kennt die kirchliche Polemik nicht oder will sie nicht kennen; denn es ist von jeher ein Grunddogma kirchlicher Überlieferung, dass die „Sekten" unter sich **grundverschieden** und in ewiger Mannigfaltigkeit stets als neue Erscheinungen vom Vater aller Häresien erzeugt worden sind. Dagegen ist dann allerdings nicht leicht anzukämpfen.

Lüdemann lässt mich die **Abstammung** der Waldenser, Wiedertäufer etc. von den altchristlichen Gemeinden behaupten (S. 26) und sagt, ich **verteidige** die bezügliche Waldenser-Tradition. Daran ist nur soviel wahr, dass ich die **innere Verwandtschaft** dieser „Sekten" behauptet und gesagt habe, dass ihre Vertreter von je in der Lehre und Verfassung der altchristlichen Zeiten die Norm und das Vorbild ihrer eignen Lehre und Verfassung erkannten. Über die **Abstammung** aber habe ich mich bestimmt und klar in folgenden Sätzen ausgesprochen:

„Gewiss ist, dass alle diese Gemeinschaften (Katharer u. s. w.) den Anspruch erhoben, mit den apostolischen Zeiten in einem unmittelbaren geschichtlichen Zusammenhang zu stehen, dass aber die Vertreter der römischen Staatskirche diese Parteien als neue und unerhörte Sekten hinzustellen bemüht gewesen sind. Was von diesen mittelalterlichen Katharern gilt, das trifft auf viele

---

[1]) Berlin 1887, Ernst Siegfried Mittler u. Sohn, Königl. Hofbuchhandlung. 8°. 53 S. (Preis M. 0,75.)

der späteren sog. Sekten, vor allem die sog. Waldenser oder
Tisserands, Gottesfreunde, Pickarden, Spiritualen, Wiedertäufer
(und wie die Sektennamen alle heissen mögen) zu. Auch sie
haben unter sich den Glauben gehegt und fortgepflanzt, dass sie
mit den altchristlichen Gemeinden zusammenhängen und ihre
Gegner haben stets behauptet, dass sie nichts anderes als neue
und selbstaufgeworfene Sekten seien.

Diesem Streite gegenüber, der durch die Art der gewalt-
samen Verfolgung, die auf Grund der Theorie des Glaubens-
zwangs regelmässig organisiert ward, niemals zum Austrag kam,
hat die neuere protestantische Forschung soviel festgestellt, dass
alle jene sog. Sekten in vielen Punkten eine nahe Verwandtschaft mit der Glaubenslehre und den Einrichtungen der ersten
christlichen Jahrhunderte zeigen.

Diese Erscheinung erklärt man sich indessen daraus, dass
die jeweiligen Stifter der Sekten ihre Kenntnis der alten Zustände
aus den in der römischen Kirche fortgepflanzten h. Schriften geschöpft und dasjenige, was sie dort als Eigentümlichkeit der
apostolischen Zeiten kennen gelernt hatten, bei der Gründung
ihrer Sekten verwertet und zur Anwendung gebracht haben. Die
dieser Auffassung widersprechende Überlieferung der Gemeinden
selbst wird zurückgewiesen und als Erfindung bezeichnet... Diese
Ansicht der gelehrten Theologen, so bestimmt sie auch in den
kirchengeschichtlichen Werken auftritt, besitzt einstweilen lediglich
den Charakter einer Hypothese.

Nun ist aber doch nicht einzusehen, weshalb man, so lange
der erwähnte Beweis fehlt, der Tradition der Gemeinden jeden
Wert abspricht. Gilt es doch sonst in geschichtlichen Fragen
als Grundsatz, dass da, wo bestimmte schriftliche Überlieferungen
fehlen, die mündliche Tradition sorgfältig geprüft werden muss.
Gewiss ist bei solcher Prüfung besondere Vorsicht notwendig und
es ist vor allem festzustellen, ob die Tradition durch alle Jahrhunderte und bei allen Zweigen und in allen Ländern sich in
gleicher Weise findet oder nicht. Wenn dies aber der Fall ist
— und es ist hier in der That' der Fall —, so fällt demjenigen,
der die Richtigkeit einer so einstimmigen und gut beglaubigten
Überlieferung anzweifelt, zunächst die Aufgabe zu, Gründe für
deren Unechtheit beizubringen.

Diejenigen, welche innerhalb der alten Gemeinden stehen,

haben von jeher gesagt, dass den Gelehrten, welche eine seit Jahrhunderten bestehende Überzeugung anfechten, die Last des Beweises zufalle. Dem Satz, dass die Sekten es seien, welche die geschichtlichen Urkunden für ihre Überlieferungen beibringen müssten, haben sie stets die andere Forderung entgegengestellt, dass man die Unrichtigkeit ihrer Tradition durch geschichtliche Dokumente beweisen solle. Auf diese Forderung ist man ihnen die Antwort schuldig geblieben.

So lange diese Antwort aber fehlt, muss die unparteiische Geschichtschreibung wenigstens die Möglichkeit einräumen, dass eine ununterbrochene Fortpflanzung der alten Gemeinden seit den ersten Jahrhunderten stattgefunden haben kann. Ich stelle mich in dem Streit zwischen den Mitgliedern der Gemeinden und ihren Gegnern einstweilen weder auf die eine, noch auf die andere Seite, aber die Möglichkeit dessen, was die Überlieferung sagt, halte ich für gegeben und zwar sind dabei für mich die nachstehenden Erwägungen von Wichtigkeit." (Folgen die Gründe.)

An diesen im Jahre 1887 veröffentlichten Anschauungen [1]) halte ich noch heute fest. Ich bin der Ansicht, dass diese Auffassungen durchaus massvoll sind. Gleichwohl fühlt sich Lüdemann ihnen gegenüber zu folgender Auslassung angeregt, die ich hier niedriger hängen muss: „Die Art", sagt er, „wie Keller der heutigen Wissenschaft jene Waldenser-Tradition von neuem darbietet, zeugt von so unglaublicher Naivität, dass man sich verwundert fragt, welcher Art wohl die psychischen Bedingungen sein mögen, unter deren Einwirkung ein ‚Historiker' dergleichen zu veröffentlichen kein Bedenken trägt." (S. 18.) Dem habe ich nichts hinzuzufügen.

Eben als ich im Begriff war, die in den obigen Ausführungen gegebene Abwehr in die Druckerei zu geben, werden mir mehrere nach Lüdemanns Schrift herausgegebene Besprechungen meiner Schriften zugeschickt, von denen ich wenigstens einige hier beantworten muss [2]).

---

[1]) Zur Geschichte der altevang. Gemeinden S. 26 f.
[2]) Ich bedauere lebhaft, dass es mir nicht mehr möglich war, auf die in der Revue critique vom 7. Juni 1897 Vol. XXXI. p. 445 (Paris, Leroux) enthaltene Besprechung näher einzugehen; sie kam zu spät in meine Hände.

Seit dem Jahre 1885 haben einige bis dahin wenig genannte jüngere Kirchenhistoriker im Zusammenhang mit der litterarischen Bewegung, die sich an das Erscheinen meines Buches über „Die Reformation und die älteren Reformparteien", Leipzig 1885, anschloss, das Glück gehabt, ihren Namen bekannt werden zu sehen, darunter besonders Hermann Haupt, damals Sekretär an der Universitäts-Bibliothek zu Würzburg. Das kam auf folgende Weise.

In meinem erwähnten Buche hatte ich auf Grund sehr merkwürdiger Thatsachen nachgewiesen, dass der sog. Tepler Codex (eine handschriftlich erhaltene Bibelübersetzung aus dem 14. Jahrh.), der die Grundlage aller gedruckten vorlutherischen deutschen Bibeln ist, aus den Kreisen der deutschen „Waldenser" stammen müsse. Einige Monate später erschien eine Schrift mit folgendem Titel:

Die deutsche Bibelübersetzung der mittelalterlichen Waldenser in dem Codex Teplensis und der ersten gedruckten deutschen Bibel nachgewiesen. Mit Beiträgen zur Kenntnis der romanischen Bibelübersetzung und Dogmengeschichte der Waldenser. Von Dr. Hermann Haupt, Sekretär der Universitäts-Bibliothek zu Würzburg. (Würzburg, Stahel 1885.)

Ich hätte erwarten dürfen, dass mein Urheberrecht gleich im Titel oder in der Vorrede kenntlich gemacht worden wäre; das geschah zwar nicht, aber Haupt erkannte doch wenigstens im Text meine Rechte an, die ja auch nach Lage der Sache unmöglich ganz mit Schweigen übergangen werden konnten. Indessen war wieder einige Monate später in zahlreichen Zeitschriften und Zeitungen zu lesen, dass durch Hermann Haupt in Würzburg eine Entdeckung gemacht worden sei, die allgemeine Aufmerksamkeit verdiene. Und kaum war ein Jahr ins Land gegangen, da hatten selbst wissenschaftliche Organe die Thatsache vergessen, dass der Entdecker der These nicht Haupt war[1]). Im Jahre 1886 hatte

---

[1]) Zum Beweise nehme ich auf folgende Zeitschriften und Bücher Bezug, deren Zahl sich leicht vermehren liesse. In The Academy vom 7. August 1886 (Nr. 744) erschien ein Aufsatz von K. Pearson: German translations of the Bible before Luther. Darin wird Haupt als erster Entdecker behandelt. — Im Archiv für das Studium der neueren Sprachen und Litteraturen, hrsg. von L. Herrig, behandelte Biltz die Frage und nennt Haupt den Entdecker und behandelt diejenigen Gründe als von Haupt gefundene Gründe, die ich zuerst als solche angeführt habe. — Ed. Reuss, Geschichte der h. Schriften N. T. 6. Aufl. 1887 S. 526,

Franz Jostes, der als klerikaler Schriftsteller gewiss von dem Verdacht einer Voreingenommenheit für meine Person und meine Anrechte frei ist, noch den Versuch gemacht, dieser Entwicklung der Frage Einhalt zu thun [1]). Allein es war vergebens. Der einzige, der in dieser Beziehung etwas thun konnte und thun musste, war Haupt; sobald er öffentlich widersprach, war der Spuk beseitigt. Aber was geschah? Seit dem Jahre 1889 hatte offenbar Haupt selbst den wahren Hergang der Sache vergessen; denn in der Deutschen Zeitschrift für Geschichtswissenschaft 1889, S. 320, wo er die ganze Frage bespricht, redet er ausdrücklich nur von der „von ihm vertretenen These"; offenbar hatte er von der „von ihm vertretenen These Kellers" sprechen wollen. Inzwischen hatte er sich nämlich zwar nicht von der Hinfälligkeit der von ihm vertretenen „These", aber doch von der Wertlosigkeit meiner noch im Jahre 1885 mit Anerkennung erwähnten Schriften so völlig überzeugt, dass er sie auch dort totschwieg, wo er sie im Zusammenhang seiner Ausführungen unbedingt hätte erwähnen müssen [2]). Man kann nicht anders sagen, als dass das hier beobachtete Verfahren, wenn es ein beabsichtigtes war, sehr wirksam ineinandergriff: wenn die Wegdrängung meiner Schriften, wozu bei den vorhandenen hef-

nennt und behandelt Haupt als Autor. — Sam. Berger (Bulletin de la Soc. d'hist. Vaudoise, Heft 3, Dez. 1687) nennt die ganze Angelegenheit „l'hypothese de M. Haupt", ohne meine Priorität zu erwähnen. — In der Revue historique Vol. XXX, p. 164 f. und Vol. XXXII p. 184 ff. wird Haupt als Entdecker behandelt. — In dem bezüglichen Litteraturbericht der Romania von 1889 wird mein Name ganz verschwiegen.

[1]) Franz Jostes, Die Tepler Bibelübersetzung. Eine zweite Kritik. Münster (Westf.) 1886, S. 19. „Suum cuique" glaubt Jostes in Bezug auf meine Anrechte Haupt zurufen zu müssen.

[2]) In der Historischen Zeitschrift, hrsg. von Heinrich v. Sybel, N. F. Bd. 25 (1889) S. 39—68, veröffentlicht Haupt unter dem Titel: „Neue Beiträge zur Geschichte des mittelalterlichen Waldensertums" einen Bericht über die seit den siebziger Jahren auf diesem Felde erschienenen Arbeiten. Es werden darin auch ganz unbedeutende, kaum beachtenswerte Aufsätze neuerer Autoren genannt, auch werden von ihm seine eignen Schriften über den waldensischen Ursprung des Codex Teplensis ebenso wie die Sache selbst wiederholt citiert, aber mein Name und meine sämtlichen Arbeiten werden mit keiner Silbe erwähnt. — In Nr. 42 der Deutschen Litt.-Ztg. vom 16. Oktober 1886 findet sich ein vom Zaun gebrochener Ausfall Haupts wider das neueste Werk über „die Reformation und die älteren Reformparteien". Der Name des Verfassers wird verschwiegen.

tigen Gegnerschaften eine Zeit lang die beste Aussicht vorhanden war, gelang, so stand der litterarischen Ausnützung meiner Entdeckungen kein wesentliches Hindernis mehr im Wege.

Alsbald nach der Veröffentlichung meiner Hauptschriften erschien ein Buch von Karl Müller unter dem Titel: Die Waldenser und ihre einzelnen Gruppen bis zum Anfang des 14. Jahrhunderts (Gotha, Perthes 1886). Müller hatte zuerst im Jahre 1885 in der Zeitschrift für Kirchengesch. Bd. VII S. 489 ff. eine Polemik voll heftiger Ausfälle ohne Nennung seines Namens veröffentlicht. Diese polemische Thätigkeit setzte er dann in einer Besprechung der Theologischen Studien und Kritiken 1886 Heft 2 mit verstärktem Nachdruck fort. Das geschah, nachdem er schon im Jahre 1885 über die angebliche „Tendenz" meines Buches gesagt hatte, dass das Werk „nach einem festen Plan" gearbeitet sei, indem es beabsichtige, „die waldensische und täuferische Bewegung in die Freimaurerei auslaufen zu lassen"[1]. Man kann sich nun mein Erstaunen denken, als mir in der erwähnten grösseren Arbeit K. Müllers über die Waldenser genau wie bei Haupt völliges Totschweigen meiner Forschungen, gleichzeitig aber die folgenden Resultate der Müllerschen Wissenschaft entgegentraten.

Eines der wichtigsten Ergebnisse meiner Studien ist für mich stets die in meinen Schriften enthaltene Klarstellung der Thatsache gewesen, dass in den „Ketzergemeinden" des 12. bis 16. Jahrhunderts jene Wanderprediger und Apostel, wie sie die „Lehre der zwölf Apostel" noch im 2. Jahrhundert kennt, als besonderer Stand von Geistlichen nachweisbar sind und dass die Geschichte der Ketzer-Namen, welche das Wesen dieser Parteien bisher vielfach verdunkelt haben, von hier aus neues und überraschendes Licht erhält. Ich habe in meinem grösseren Werke über die Reformation und die älteren Reformparteien (1885) hierüber sehr eingehend gehandelt[2] und nachgewiesen, dass

---

[1] Ich habe die letztere Behauptung im Jahre 1886 als eine unwahre Insinuation bezeichnet und öffentlich erklärt, dass ich ganz ohne Absicht, lediglich im Verfolg anderweiter Studien, zu der Überzeugung der von mir aufgezeigten geschichtlichen Zusammenhänge zwischen den altchristlichen Ideen der älteren Brüderschaften mit den Logen gekommen bin. Keller, Die Waldenser. Leipzig, S. Hirzel 1886, S. 15.

[2] S. Keller, Die Reformation. Register s. v. Apostel.

die Namen „Arme von Lyon" (auch schlechtweg Pauperes), „Lombardische Arme", „Waldenser" u. s. w. ihre Geschichte haben und dass die Mehrzahl der diesen „Ketzern" von der Streittheologie beigelegten Namen von den Eigentümlichkeiten der Apostel oder Wanderprediger hergenommen ist, die ich als ein besonderes Collegium von Geistlichen nachwies; namentlich haben die Namen Arme, Gute Leute, Winkeler, Gottesfreunde u. s. w. nicht die Gemeinden, sondern nur einen gewissen Stand von Geistlichen bezeichnet[1]).

Von der somit gewonnenen Unterlage aus ergaben sich dann eine Reihe von neuen Gesichtspunkten für die Klarstellung geschichtlicher Zusammenhänge, die bisher im Dunkeln lagen. Insbesondere eröffneten sich für die Entstehungsgeschichte der Bettelorden, in erster Linie der Pauperes minores (Minoriten) und der Stiftung des h. Franz von Assisi ganz neue Ausblicke, über die bisher in keinem geschichtlichen Werke auch nur die leiseste Andeutung zu finden war. Im Anschluss an meine Wahrnehmungen schrieb ich im Jahre 1885 (Die Reformation S. 21) die Beobachtung nieder, dass ich einen „inneren Zusammenhang" zwischen dem Waldensertum und den Franziskanern insofern für erweisbar halte, als „dieses aus den Anregungen des ersteren erwachsen sei".

Angesichts dieser Umstände und Thatsachen war es nun zunächst sehr erfreulich für mich, in dem Werke Müllers: Die Waldenser u. s. w. (erschienen im Oktober 1886) auf S. 11 ff. einen Abschnitt zu finden, der die Überschrift trägt: „Die Bedeutung des Namens «Waldenser», «Arme von Lyon», «lombardische Arme» u. s. w.". Ich hatte gehofft, darin unter Hinweis auf meine Forschungen eine Ergänzung und Erweiterung meiner Beobachtungen zu finden; aber darin sah ich mich getäuscht. In dem Abschnitt werden meine Arbeiten ebensowenig wie in den übrigen Abschnitten namhaft gemacht, dagegen finden sich darin wörtlich folgende Stellen:

„Soviel ich sehe, versteht man heutigen Tags unter Waldensern immer kurzweg die einzelnen Gläubigen oder Gemeinden, die aus der Arbeit der apostolischen Prediger hervorgegangen sind, beziehungsweise wenigstens diese Gläubigen und Gemeinden zusammen mit ihren Predigern.

---

[1]) Die Nachweise s. bei Keller, Die Reformation (Register s. v. Apostel, Arme, Pauperes etc.), ferner Keller, Die Waldenser 1886 u. s. w.

Ich untersuche daher hier den mittelalterlichen Gebrauch der Namen, welche die Sekte führt und stelle als das Ergebnis voran: vom 12. bis zum 14. Jahrhundert und teilweise noch länger verstehen alle ausserdeutschen Quellen, die eine genauere Kenntnis verraten, unter Waldensern, Armen u. s. w. nicht etwaige Gemeinden oder deren Mitglieder, sondern die apostolischen Wanderprediger, die von den kirchlichen Häresiologen und Inquisitoren so genannten Perfecti."

Man kann in der That Müller zu diesem „von ihm erzielten" Ergebnis beglückwünschen; dasselbe ist für die Klarstellung der dunklen Ketzergeschichte von der allergrössten Bedeutung und sichert dem Werke wie dem Verfasser in gleicher Weise den Anspruch auf die Anerkennung der Wissenschaft, wie Haupt sich dieselbe durch seine Waldenser-These erworben hat. Müller selbst kennzeichnet die Bedeutung dadurch, dass er den ganzen obigen Satz in Sperrschrift an die Spitze dieses Abschnittes gesetzt hat.

Aber es kommt noch besser. In einem „Anhang" findet sich bei Müller (S. 65 ff.) ein Abschnitt, welcher den Titel führt: „Franziskus von Assisi, Dominikus und die Waldenser".

Darin wird zunächst (immer unter Verschweigung meines Namens) hervorgehoben, dass Müller schon in den früheren Abschnitten dieses seines Buches „auf die ausserordentlich nahen Berührungspunkte zwischen den Anfängen der waldensischen und franziskanischen Bewegung aufmerksam gemacht habe". Diese Sache musste für Müller, wie er auch einräumt, deshalb von Interesse sein, weil er im Jahre 1885 ein besonderes Werk über „die Anfänge des Minoritenordens" geschrieben hatte, in dem diese Verwandtschaft doch naturgemäss, wenn sie ihm bekannt war, einen Kernpunkt der Untersuchung hätte bilden müssen. Indessen findet sich darüber in dem Buch von 1885 keinerlei Andeutung und Müller erklärt dies (die Waldenser S. 65) mit den Worten, dass er sich „mit der Möglichkeit eines Zusammenhangs der beiden Erscheinungen" damals „gar nicht weiter beschäftigt habe", weil „es abzuweisen sei, dass der Heilige von Assisi die Waldenser etwa nur nachgeahmt habe". Von einer „blossen Nachahmung", die Müller abweist, hatte, so viel mir bekannt, früher nie jemand gesprochen. Und nun führt er fort: „Dennoch möchte an einem andern Punkt in der Entwicklung der franziskanischen Bewegung eine Linie aufzufinden sein, die von den

Waldensern her führt[1]) und die ich in obiger Schrift nicht in der gebührenden Weise aufgedeckt habe." Diese Linie hat Müller angeblich in der Organisation der Pauperes catholici entdeckt, die das Zwischenglied zwischen den „Pauperes" der Waldenser und den Paupers Minores bilden! (S. 66.) Die Sache ist richtig, unwahr ist nur, dass Müller sie „aufgedeckt" hat. Müller hatte mein Buch nach Ausweis seiner Besprechungen eingehend durchgenommen, am eingehendsten natürlich diejenigen Stellen, die seine eignen Studien über die Minoriten berührten. Es wäre nur sehr ehrenwert gewesen, wenn Müller mein früheres Anrecht anerkannt hätte. Aber was geschieht? Er verschweigt auch hier meine Hinweise und meinen Namen gänzlich und behauptet, dass er diese „Entdeckung" gemacht habe.

Nach diesen Erfahrungen kann mir niemand verdenken, wenn ich seitdem Müller wie Haupt mit schweigender Verachtung behandelt habe. Ich glaubte um so mehr, dass dies von mir schon vor Jahren öffentlich festgenagelte Verfahren[2]) genügen werde, die wissenschaftliche Welt über die hier mitspielenden Dinge aufzuklären, als inzwischen auch die sonstige Forschungsweise dieser Gelehrten von anderen sehr zuständigen Forschern hinreichend gekennzeichnet worden war[3]).

Von K. Müller ist mir in der Zwischenzeit weder eine Erklärung in Sachen der von mir behaupteten unberechtigten Ausnutzung meiner Forschungsergebnisse, noch ein weiterer litterarischer Angriff wider meine Schriften bekannt geworden. Wir sind also miteinander einstweilen fertig.

Anders dagegen Haupt. Haupts Name erschien alsbald als der eines regelmässigen Mitarbeiters an lutherischen Kirchenzeitungen und nach einigen Jahren ward er, obwohl Katholik, auch zum Mitarbeiter an der Realencyklopädie für prot. Theologie

---

[1]) Von mir gesperrt.
[2]) Keller, Joh. v. Staupitz. Lpz. 1888, S. 84 u. S. 298.
[3]) In Bezug auf den Wert von K. Müllers Waldenser-Forschungen verweise ich auf die Kritik, welche Wilh. Preger (der doch gewiss von konfessionellen Leidenschaften gegenüber Müller nicht beeinflusst worden ist) in den Abhandlungen der K. bair. Akademie der Wissenschaften (III. Kl. Bd. XVIII. 1. Abthl.) im Jahre 1887 veröffentlicht hat, und Herm. Haupts Forschungsweise hat Franz Jostes so treffend charakterisiert, dass ich dem nichts hinzuzufügen habe. (Jostes, Die Tepler Bibelübersetzung. Eine zweite Kritik. Münster 1886, S. 5 ff.)

und Kirche auserwählt. Da er hier wie dort die Artikel übernahm, welche die „Ketzergeschichte" berühren, so erhielt er Gelegenheit, seinen Ansichten an wirksamen Stellen Geltung zu verschaffen. Wie sehr er dies bei passender Gelegenheit im Sinne römisch-katholischer Geschichtsbetrachtung that, das haben wir früher an einem bezeichnenden Beispiel dargethan [1]).

In der Deutschen Litteraturzeitung vom 17. April d. J. (Nr. 15) veröffentlicht Haupt neuerdings eine ausführlichere Besprechung meiner neuesten Arbeit über die „Reformation und die Ketzerschulen" [2]), die mich trotz meines Widerwillens zu einer Entgegnung zwingt. Der leidenschaftliche Ton, der auch hier, nur in anderer Art wie bei Lüdemann, angeschlagen wird, ist ja an sich einem Schriftsteller zu verzeihen, der sich gezwungen sieht, etwa zum zehnten Male der Welt zu versichern, dass meine Schriften lediglich ein „Wust von Irrtümern" und deshalb „wertlos" seien und dann doch gestehen muss, dass die in diesen Schriften vertretenen Auffassungen mehr und mehr um sich greifen und Schule zu machen beginnen.

Den Zweck meiner in Rede stehenden Schrift über die Ketzerschulen habe ich in der Vorrede bestimmt ausgesprochen. Es kam mir, wie ich dort wörtlich sage, darauf an, neues Material zum Beweise für die von mir behauptete Thatsache beizubringen, dass zwischen den religiösen Kämpfen des 16. Jahrhunderts und den früheren Religionskämpfen ein weit engerer geschichtlicher Zusammenhang vorhanden ist, als diejenigen annehmen, welche glauben, dass erst mit und durch Luther das Licht des Evangeliums in die Welt gekommen ist und dass zwischen den ursprünglichen Grundsätzen des evangelischen Glaubens, wie sie Luther und Zwingli bis etwa 1524 vertreten haben und den Anschauungen jener älteren Evangelischen eine nahe innere Verwandtschaft und nahe historische Zusammenhänge obwalten. Insbesondere hat, wie ich nachweise [3]), Zwingli ursprünglich nahe persönliche Beziehungen zu den sog. Ketzerschulen besessen und späterhin sind

---

[1]) Monatshefte der C.G. 1896 S. 247.

[2]) Vorträge und Aufsätze aus der Comenius-Gesellschaft. Jahrg. IV. Stück 1 u. 2. Berlin R. Gaertner (Hermann Heyfelder) 1897, IV u. 61 S. 8°. M. 1,50.

[3]) Keller a. O. S. 25.

sehr viele sog. Reformierte auf den Wegen der älteren evangelischen Opposition gegangen [1]).

Für die Annahme dieses Zusammenhangs, für welche sich (nebenbei bemerkt) neuerdings immer zahlreichere und gewichtigere Stimmen erheben [2]), hatte sich früher auch Haupt ausdrücklich ausgesprochen und in Sybels Histor. Zeitschrift (N. F. Bd. XIX, 1886 S. 483) u. A. wörtlich gesagt: „Für Kellers Annahme eines Zusammenhangs zwischen dem Waldensertum und den Wiedertäufern, den auch wir nicht in Abrede stellen, hätte sich noch manches wichtige Argument beibringen lassen."

---

[1]) In der Behauptung der Lutheraner (darunter neuerdings besonders A. Ritschls und seiner Schule), dass das Wirken Zwinglis und die Anschauungen der Reformierten ihr Vorbild nicht in der Reformation Luthers, sondern „in mittelalterlichen Reformunternehmungen" besitzen (s. u. A. A. Harnack, Dogmengeschichte Bd. III[2] S. 144, 469, 760 und K. Müller, Vorträge der theol. Konferenz zu Giessen. Giessen 1887, S. 51), liegt etwas wahres, wenn diese geschichtlichen Zusammenhänge damit angedeutet werden sollen. Aug. Baur, Zwinglis Theologie II, 56, erklärt das Bekenntnis Zwinglis (Werke II, 1 S. 245), wonach auch er anfangs glaubte, dass man die Erwachsenen taufen müsse, für wahr und ehrlich. „Der Vorwurf der Täufer gegen Zwingli, er habe seine Lehre gewechselt, war auf jeden Fall nicht ohne Begründung." Baur meint aber, Grebel u. A. seien Schüler Zwinglis, weil sie seine Zuhörer gewesen. Das Verhältnis ist offenbar umgekehrt gewesen.

[2]) Fr. v. Bezold, Geschichte der deutschen Reformation. Berlin, G. Grotesche Verlagsbuchhandlung 1890, S. 697 sagt: „Ein Zusammenhang der Wiedertäufer mit den älteren in Deutschland eingebürgerten Ketzereien, vor allem mit Hussiten und Waldensern, lässt sich kaum von der Hand weisen, während ihre enge Verwandtschaft mit der Mystik ganz offen zu Tage liegt." Selbst Lüdemann macht inbetreff der geschichtlichen Zusammenhänge einige erhebliche Zugeständnisse. „Der Anabaptismus bedeutet", sagt Lüdemann (Reformation und Täufertum, S. 31), „ein Wiedererwachen jener Tendenzen und Stimmungen, wie sie sich seit Jahrhunderten schon je und je bei gegebener, besonders provozierender Gelegenheit der katholischen Weltkirche gegenüber geltend gemacht hatten. Zahlreiche Kreise waren, trotz der vielen Verfolgungen (bei Beginn der Reformation), noch übrig, in denen diese Stimmungen und Überzeugungen lebendig geblieben waren." Nach Lüdemann (S. 32) haben sich jedesmal, wenn die Entartung von Klerus und Volk greller hervortrat, „rigoristisch gesinnte Parteien" gebildet. „Nichts anderes als der Geist dieses Rigorismus ist es, der, wie im Altertum den Montanismus, Novatianismus, Donatismus, so im Mittelalter die grosse Reihe der Ketzer hervorgerufen hat, wie sie uns als Katharer, Albigenser, Humiliaten, Arnoldisten, Arme von Lyon oder Wal-

Angesichts dieses Umstandes und der Thatsache, dass meine reformationsgeschichtlichen Arbeiten vornehmlich der Klarstellung dieser These (wie männiglich bekannt) gewidmet sind, ist es doch einigermassen befremdlich, dass Haupt jetzt rundweg erklärt, die in meinen Schriften niedergelegte Überzeugung sei „eine durchaus unhaltbare Auffassung" und dass das Ergebnis der von ihm nach seiner Angabe vorgenommenen Nachprüfung „ein durchaus negatives sei". In den Jahren, in welchen er zur Mitarbeiterschaft bei litterarischen Unternehmungen emporstieg, deren überwiegend konfessionell-lutherischer Charakter bekannt ist[1]), hat sich also in dieser Beziehung eine Umbildung seiner bezüglichen Überzeugungen vollzogen.

Es wundert mich nicht, wenn, nachdem ähnliches so und so viel mal fälschlich behauptet worden ist, auch Haupt als eine der von mir angeblich vertretenen Ansichten den Satz hinstellt, dass das „Täufertum" keineswegs dem 16. Jahrhundert seine Entstehung verdanke, sondern eine Fortsetzung der ersten Christengemeinden sei. Ich verweise in dieser Beziehung auf den oben gegebenen Auszug aus meinem Berliner Vortrag vom Jahre 1887 und bemerke noch, dass ich in meiner Reformation S. 17 wörtlich sage: „Der Ursprung der Brüder (d. h. der Waldenser des 12. Jahrh.) liegt einstweilen im Dunkeln; es ist der Wissenschaft noch nicht gelungen, ihn aufzuhellen." Wo habe ich gesagt, dass das „Täufertum" nicht im 16. Jahrhundert

---

denser, Beghinen und Begharden etc. bekannt sind." Also diese „Rigoristen" — wir nennen sie altevangelische Gemeinden — waren bei Beginn der Reformation noch vorhanden und „der Anabaptismus bedeutet ihr Wiedererwachen". Dieses Zugeständnis wiederholt L. am Schluss seiner bezüglichen Ausführungen (S. 80) nochmals, indem er einräumt, es sei auf Grund meiner Untersuchungen überwiegend wahrscheinlich geworden, „dass der Anabaptismus nicht jene wurzellose, plötzlich aus der Reformationsbewegung selbst aufschiessende Erscheinung war, für die man sie bis dahin meist gehalten". Von älteren Kennern der mittelalterlichen Sekten will ich hier noch T. W. Röhrich nennen. Dieser sagt (Ztsch. f. d. hist. Theol. 1860 S. 2): „Die so scharf auftretenden Sekten des Reformationszeitalters hatten ihren historischen Grund in den früheren Parteien der Gottesfreunde, der Brüder des freien Lebens, der Winkeler."

[1]) In Bezug auf die Realencyklopädie f. protest. Theol. u. Kirche bemerkt H. Holtzmann: „Das konfessionelle Luthertum hat überhaupt seine Hand zu sehr im Spiele" (Deutsche Litt.-Zeitung vom 24. April 1897, Sp. 604).

entstanden sei? und wo, dass die „Täufer" von den ersten Christengemeinden abstammen? Gesagt habe ich lediglich, dass beide, „Täufer" und „Waldenser", in altchristlichen Vorbildern ihre Glaubensnorm erkannten und unter sich die Tradition uralter Zusammenhänge besassen.

Haupt fühlt sich gedrungen, zu erklären, dass meine wissenschaftlichen Ansichten — es handelt sich wohlgemerkt lediglich um historische Auffassungen — „der Ausfluss einer mit Leidenschaft ergriffenen religiösen Überzeugung seien". Natürlich, wenn dies richtig ist — die Auffassungen Anderer sind selbstverständlich ganz unabhängig von religiösen Ansichten — so liegt die „Tendenz" meiner Arbeiten auf der Hand.

Soviel im allgemeinen. Ich will nun zur Kennzeichnung der Methode, mit der meine angebliche Unmethode bekämpft wird, einige Proben aus der Besprechung anführen. Haupt sagt in der D. Litt.-Zeitung wörtlich:

„S. 15 ff. (der Kellerschen Schrift) wird die Geschichte des Augsburger Aufstandes von 1524 besprochen, der die Hinrichtung der Weber Kager und Speiser zur Folge hatte. Dass beide der Anzettelung von **politischen Umsturzbestrebungen überführt waren**, bei denen das religiöse Moment kaum eine Rolle spielte, ist durch die auf reiches Akten-Material sich gründende Untersuchung Vogts ausser Zweifel gestellt; gleichwohl genügt für Keller eine in jeder Hinsicht verdächtige Angabe des tendenziösen und um die Mitte des 17. Jahrhunderts aus den trübsten Quellen geschöpften täuferischen Märtyrerspiegels von T. von Braght, um jene Demagogen zu Bischöfen und Ältesten der waldensischen Gemeinde in Augsburg zu stempeln."[1)]

Soviel Sätze, soviel falsche Angaben! Angaben, die deshalb einen sehr hässlichen Beigeschmack haben, weil sie die (wie ich hoffe unbeabsichtigte) Wirkung der oben erwähnten Kampfweise der Historisch-politischen Blätter haben müssen. Wie kann, fragen die Historisch-politischen Blätter, ein „preussischer Staats-Archivar" sich solcher Leute (oder wie Haupt sagt, solcher Demagogen) annehmen? Das ist ganz unbegreiflich angesichts der angeblich auf Grund der Akten erwiesenen Thatsache, dass sie des „politischen Umsturzes" überführt waren.

Es ist der Mühe wert, Haupt an dieser Stelle einmal festzuhalten, weniger um der geschichtlichen Wichtigkeit der in Rede stehenden Ereignisse willen, als zur Kennzeichnung des Verfahrens,

---

[1)] Die gesperrten Worte sind von mir gesperrt worden.

das sich als echte Wissenschaft brüstet und auf die „kritiklose Unwissenschaftlichkeit" des Gegners hoffärtig herabsieht.

Die geschichtlichen Thatsachen, um die es sich handelt, sind folgende: Im Jahre 1524 predigte zu Augsburg ein Franziskaner Joh. Schilling im Sinne der Evangelischen. Zu Anfang August wurde er gezwungen, sich aus der Stadt zu entfernen; seine Anhänger veranstalteten am 6. August eine unbewaffnete Demonstration vor dem Rathaus und liessen durch einen erwählten Sprecher den Rat, den man für den Anstifter der Entfernung hielt, um die Rückberufung Schillings bitten. Der Rat, der sich beunruhigt fühlte, gab seine Zustimmung und versprach den Bittstellern Strafosigkeit. Alsbald aber wurden vom Rat Reisige und Geschütze beschafft, und am 13. September wurden eine grosse Anzahl Personen, die an dem Auflauf beteiligt waren, wegen Aufruhrs ins Gefängnis geworfen. Von diesen wurden einige gemartert, andere mit Ruten gepeitscht und schliesslich zwei Weber, Hans Kag und Hans Speiser oder (wie eine andere Quelle ihn nennt) Hans Pfoster heimlich als Aufrührer hingerichtet. Sie sollten mit ihren Anhängern heimliche Versammlungen gehalten und Speiser sollte durch die Berufung auf die Hussiten und durch andere aufrührerische Reden und Gotteslästerungen den Rat zu dieser Massregel gezwungen haben[1]).

Es handelt sich nun um die Frage, ob die Hinrichtungen in Wirklichkeit um Aufruhrs willen oder behufs Niederhaltung der religiösen Bewegung erfolgt sind.

---

[1]) Stengel, Abt von Auhausen, giebt in seinem Commentarius rerum Aug. Vind. p. 264 folgenden Bericht (hier nach Vogt S. 30): „Ibidem (d. h. zu Augsburg) Joannes Schillingius, lector in monasterio Franciscanorum Lutheranas conciones habere exorsus, a senatu dimittebatur; sed precibus populi jamjam seditionem molentis revocabatur. Itaque rursus docebat, sed usque ad mensem Novembrem tantum, tum enim populo valedixit et urbe abiit: in cujus locum suffectus est Michael Cellarius. De Schillingio F. Clemens Sender supra jam citatus haec habet: «Is Lutheri et Wiclephi cestro jam antea incaecatus eodem anno in festo corporis Christi in despectum sacrosancti et tremendae eucharistiae sacramenti coenam in solario supra tectum erecto, vulgo auff der Altana ob der Krommer Zunfthaus cum novem aliis suae sortis civibus instituit, in qua malo haud dubie genio raphanis in modum hostiarum dissecto Christi domini coenam per ludibrium praesentibus dispensavit etc.»" — Auch an dieser Stelle wird auf den Einfluss der älteren religiösen Opposition in Augsburg hingewiesen, und auch hier sind es die Zunftstuben, wo der Sitz derselben ist.

Allerdings, die von Wilhelm Vogt benutzten Rats-Akten[1]) erklären die vom Rat heimlich hingerichteten Männer für Aufrührer. Diese Aussage wird sogar noch von Clemens Sender bestätigt: schade nur, dass der Rat „fest an den Pfaffen hing" und Sender als fanatischer Gegner der „Ketzer" bekannt ist[2]).

Es ist doch bezeichnend, dass selbst Vogt, der sonst Alles, was der Rat und seine Helfershelfer sagen, für unantastbar hält, das Verhalten desselben in Sachen des evangelisch-lutherischen Predigers Joh. Schilling für verlogen erklärt. Denn die Entfernung des letzteren aus Augsburg hatte nach Vogt der Magistrat veranlasst; öffentlich aber liess er erklären, dass nicht er, sondern der Ordensprovinzial Schillings Entfernung befohlen habe (S. 3 f.)[3]). Auch spricht Vogt die Vermutung aus, dass nicht die dem Schilling vom Rat vorgeworfene Anreizung zum Aufruhr und sein sonstiges Verhalten, sondern dessen evangelische Predigten die wahre Ursache der Entfernung waren; ja, diese Vermutung würde sich nach Vogt „zur Gewissheit steigern", wenn nicht in dem „offiziellen Protokoll" des Rats gegen diese Annahme Einspruch geschähe (S. 3).

Wir finden dies Vertrauen zu den Erklärungen eines Magistrats sehr naiv, der nach Vogts eigenen Angaben der Unwahrheit überführt ist, der am 6. August allen denen, die am Auflauf vor dem Rathaus beteiligt waren, feierlich Straflosigkeit verspricht, alsdann, nachdem die Gefahr vorüber ist, Geschütz und Reisige beschafft und nach Vollendung seiner Rüstungen eine grosse Anzahl der damals Beteiligten als Aufrührer verhaften lässt und dann die falsche Erklärung nicht scheut, dies geschehe nicht

---

[1]) Wilhelm Vogt (damals Lehrer in Augsburg), Joh. Schilling, der Barfüssermönch und der Aufstand in Augsburg im Jahre 1524 (Zeitschrift des Histor. Vereins für Schwaben und Neuburg, 6. Jahrg. (1879) S. 1—32.

[2]) Es ist zu wenig, wenn Vogt über den bezüglichen Bericht des Clemens Sender sagt, dass man seiner Darstellung eine „gewisse Animosität" anfühle (S. 24). — Jedenfalls ist sicher, dass die Jesuiten in der Historica relatio de ortu et progressu haeresum in Germania, praesertim vero Augustae Vindelicorum. Ingolstadt 1654 bei der Schilderung dieser Dinge den Bericht des Clemens Sender einfach geschrieben haben.

[3]) Die öffentliche Erklärung des Rats bei Vogt a. O. Beilagen S. 20 f. Die falsche Erklärung abzugeben liess sich Peutinger bereit finden.

wegen des Auflaufs[1]), während alle Welt überzeugt war und die Chronisten es ausdrücklich berichten[2]), dass es doch deswegen geschehen sei. Thatsächlich hat keine andere „gewaltthätige Handlung" als die unbewaffneten Ansammlungen vor dem Rathaus stattgefunden. Wer zuerst an die Gewalt appellierte, das waren nicht die Hingerichteten, sondern der Rat, der sofort rüstete und zu den Waffen griff[3]).

Diejenigen Gelehrten, welche sich über den Gebrauch des Wortes „Aufruhr" zur Niederwerfung religiöser Gegner in den Kämpfen des 16. und 17. Jahrhunderts ein Urteil zu bilden wünschen, verweise ich auf die Kämpfe der Gegenreformation in Westfalen und am Niederrhein. Die Anklage des Aufruhrs ist in den Händen der Hierarchie überall dort ein Kampfmittel gebräuchlichster Art gegen die „Ketzer", wo die religiöse Aufregung der Menge es unthunlich macht, es offen auszusprechen, dass es sich um Glaubens-Verfolgungen handelt.

Selbst Vogt erklärt die „dunklen Gerüchte", die sich wider Schilling erhoben und ihn „aufrührerischer Tendenzen" beschuldigten, nicht für erwiesen (S. 17). Dagegen wird bei den über die hingerichteten Weber verbreiteten Anklagen und Gerüchten eine solche Einschränkung von ihm nicht gemacht, obwohl er selbst berichtet, dass „die Masse", d. h. die Bürgerschaft von Augsburg glaubte, den Verurteilten sei Unrecht geschehen und laut der Ansicht Ausdruck gab, dass sie „ermordet seien um der Wahrheit wegen" (Vogt S. 16).

Da ich nun der Ansicht war und bin, dass eine wissen-

---

[1]) Siehe die Erklärung bei Vogt a. O. S. 18. — Das uns erhaltene Konzept, das Vogt abdruckt, enthält lediglich die Verwahrung gegen die Unterstellung des Treubruchs; ein anderes Konzept giebt dann auch angebliche Gründe der Verhaftungen an.

[2]) Die Augsburger Chronik bei Vogt a. O. S. 25 bemerkt ausdrücklich, dass die Hinrichtungen „des Auflaufs wegen" erfolgt seien. Ebenso die Chronik bei Vogt S. 30.

[3]) Über die starken heimlichen Rüstungen des Magistrats nach dem 6. Aug. s. den Bericht bei Vogt S. 27. — Ebenda steht, dass der „Mehrertheil der Gemein" alsbald wegen des Auflaufs in aller Form Abbitte that und ausdrücklich Gehorsam versprach. Man habe durchaus keine Gewalt üben wollen. Noch am 12. August, nach Verkündung des neuen Ratserlasses, liessen sämtliche Zünfte die Erklärung ihres Gehorsams förmlich erneuern.

schaftliche und kritische Methode sich niemals und am wenigsten in diesen leidenschaftlichen Kämpfen auf die Aussagen einer Partei allein stützen soll, so sah ich mich nach anderweiten Quellen um. Bei diesen Bemühungen fand ich in erster Linie den Bericht eines dritten, an der Sache nicht beteiligten Zeitgenossen, nämlich die Aufzeichnungen des Chronisten Wilhelm Rem, und dieser war es, auf den ich mich in meiner Schrift vornehmlich gestützt und berufen habe. Wie mag es wohl kommen, dass Haupt das Vorhandensein dieser Quelle und meine Bezugnahme darauf vollständig verschweigt?

Wir besitzen im 5. Band der Augsburger Chroniken die „Cronica newer geschichten", welche der Augsburger Patrizier Wilhelm Rem (1462—1529), ein Vetter des bekannten Lucas Rem, aufgezeichnet hat[1]). Rem war ein Mann von nüchternem, klaren und scharfen Urteil, der in seiner Vaterstadt ausgedehnte persönliche Beziehungen besass und über alle Vorgänge sich wohl unterrichtet zeigt, auch die handelnden Persönlichkeiten — man vergleiche das interessante Urteil über den Charakter Peutingers — vorzüglich kannte. Rem weiss sehr genau und spricht es aus, dass der Rat und die Wortführer desselben oft sehr „tendenziös" (um mit Haupt zu reden) handeln, und sein kritischer Sinn lässt sich durch Vorspiegelungen nicht bestechen. Nachdem der Rat die beiden Weber wegen Aufruhrs verurteilt und hingerichtet hatte, wäre die offene Bestreitung der Rechtsbeständigkeit dieses Urteils natürlich sehr gefährlich gewesen. Aber die wahre Ansicht Rems über die Sache geht doch deutlich aus dem nachfolgenden Bericht hervor [2]).

„Item a die 15. setember da liess ain ratt 2 webern die köpf abschlagen haimlich, das man die sturmglogen nicht laut. Der erst hiess der Speiser, der was gutt evangelisch und hatt ain gutt lob. als man in aus den eisen fuort für das Ratthaus, da fragt er, was man in hinfieren welt, da sagt man im, man welt in richten. man rieft wider in aus, er solt glübd und aid nicht gehalten haben, das auch wider kaiserlich freihait wer. er sagt, ain ratt tett im unrecht und gewalt, darauff welt er sterben. er sagt, er miest von des gotzwortz wegen sterben und er welt auch gern sterben. er hatt gar ain gutt lob, wie er ain frum man war. also schlug man im den kopf auff dem platz ab.

---

[1]) Die Chroniken der deutschen Städte vom 14. bis 16. Jahrhundert. Bd. 25 (Leipzig, S. Hirzel 1896), S. 1 ff.

[2]) A. a. O. S. 208.

Darnach fuort man den Hans Kag auch herauff, dem schlug man den kopf auch ab auf dem platz. man ruft auch über in aus, wie über den andren. er sagt, man tett im unrecht. er was hart gemartert worden und er kond kaum reden. er was am samstag (6. August) auf dem Ratthaus gewesen; aber der Speiser, sagt man, der war am samstag nicht hie gewesen, aber da er komen was, da solt er gesagt haben, wer er hie gewesen, er welt sain tail auch geredt haben.

Aber man gab aus, sie wollten mitsampt irem anhang den leuten in die häuser sein geloffen, aber das selb kund ich nicht glauben."

Kann man es deutlicher aussprechen als es hier geschieht, dass der Chronist die Hingerichteten weder des Aufruhrs noch des angeblich von ihnen beabsichtigten Aufruhrs — denn sie wurden auch nach den Aussagen des Rats nur wegen aufrührerischer Reden und Absichten mit dem Tode bestraft — für schuldig hält?

Mit diesem Zeugnis aber habe ich mich nicht begnügt; ich habe noch eine andere Quelle hinzugezogen, die unabhängig von Rem über den Sachverhalt die gleichen, nur noch bestimmtere, Aussagen macht. Wenn ich als solche Quelle den sog. Märtyrerspiegel des Tilemann van Braght angeführt und benutzt habe, so ist das nicht ohne vorherige sorgfältige Prüfung seiner Zuverlässigkeit geschehen. Ich habe seit etwa zwanzig Jahren in eingehenden Studien Gelegenheit gehabt, mich mit den Quellen zur Täufergeschichte zu beschäftigen und habe dabei die Überzeugung gewonnen, dass die Chroniken der Täufer (von einzelnen Versehen abgesehen) für diesen Zeitabschnitt auf sehr alten und sehr zuverlässigen Nachrichten beruhen.

Thatsächlich haben sich denn auch diese Chroniken bisher bei allen Kennern dieser Dinge vollen Vertrauens erfreut, gleichviel ob sie katholisch, lutherisch oder täuferisch gesinnt waren. Kein neuerer Forscher hat sich eingehender und gewissenhafter — es lag ihm als Katholiken jede Voreingenommenheit fern — mit der Prüfung der Täufer-Chroniken beschäftigt als Dr. Joseph von Beck, der verdiente Herausgeber der „Geschichtsbücher der Wiedertäufer in Österreich-Ungarn von 1526 bis 1785" (Wien 1883), die grossenteils auf dieselben Quellen zurückgehen, die van Braght in seinem Werke benutzt hat. Ich habe die Erläuterungen und Zusätze sowie die Einleitung, die Beck auf Grund des reichen von ihm benutzten Aktenmaterials deutscher und österreichischer Archive zu den Chroniken giebt, genau durchgesehen: nicht an einer einzigen Stelle hat er (soviel ich habe feststellen können) wesentliche Berichtigungen falscher Angaben oder gar tendenziöser Entstellungen zu verbessern gehabt. Die Wahrheitsliebe dieser Chronisten, deren Berichte für die hier in Frage kommenden Zeiten meist auf mündliche Aussagen der Beteiligten oder ihrer Freunde zurückgehen, ist bisher von keiner Seite her erschüttert oder angezweifelt worden.

Trotz Allem behauptet Hermann Haupt frisch und keck, ohne auch nur den Schatten eines Beweises für erforderlich zu erachten, der Märtyrer-Spiegel van Braghts sei ein „tendenziöses" Werk, das „in jeder Hinsicht verdächtige Angaben" enthalte und um die Mitte des 17. Jahrhunderts aus den „trübsten Quellen" geschöpft worden sei. Gegen diese Methode „wissenschaftlicher Kritik" kann allerdings keine andere Methode aufkommen. Wahrscheinlich ist es Haupts Aufmerksamkeit entgangen, dass man Verdächtigungen bisher unbescholtener Geschichtschreiber ehrenhafter Weise nicht ohne Beibringung genügender Beweise in die Welt setzen darf.

Haupt selbst hat die eben besprochenen Punkte dadurch als Hauptpunkte seiner gegen mich gerichteten Ausstellungen gekennzeichnet, dass er sie an die Spitze derselben gestellt hat; er hat offenbar geglaubt, mit diesem Angriff die stärkste Instanz gegen mich gewinnen zu können. Wie mag es nun erst mit den anderen Ausstellungen beschaffen sein, die er nicht in das Vordertreffen führt? Es kann hier nicht meine Absicht sein, die angefochtenen Punkte sämtlich nochmals durchzusprechen und die geschichtlichen Thatsachen, die Haupts Polemik verdunkelt, in der oben geübten Weise klar zu stellen; es wäre dazu eine umfassendere Untersuchung nötig, als sie im Rahmen dieser Arbeit gegeben werden kann, und ich glaube um so eher darauf verzichten zu sollen, weil ich die Absicht habe, die von Haupt angeschnittene Frage über das Verhältnis gewisser „Poeten" und „Grammatiker" oder (wie Haupt sagt) der Humanisten zu den „Ketzerschulen" einmal eingehender zu behandeln und die Haltlosigkeit der Hauptschen Angaben gründlich klarzustellen.

Aber eine kleine Probe dieser „wissenschaftlichen Methode" muss ich doch noch zum Schlusse hierhersetzen. Haupt sagt a.a.O.:

„Wenn von den katholischen Gegnern die Wiedertäufer, ebenso wie früher die Anhänger der verschiedensten mittelalterlichen Sekten als Grubenheimer, Pickarden u. s. w., ihre Zusammenkünfte mit den der Inquisition geläufigen Namen von Synagogen oder Schulen bezeichnet werden, so hält dies Keller ernsthaft für einen Hinweis auf den mittelalterlichen Ursprung des Täufertums."

Ich kann wiederum nur sagen: soviel Sätze, soviel Verdrehungen. Wer dies liest, muss annehmen, dass ich das „Täufertum" für ein Erzeugnis des Mittelalters und als solches für älter als die Reformation erklärt habe. Eine derartige Behauptung würde ich, wie oben bereits erwähnt, für ebenso lächerlich halten, wie etwa die Ansicht, dass die Mennoniten älter seien als Menno Simons oder die Waldenser älter als Waldus. Was ich behauptet und bewiesen habe, ist lediglich die Thatsache, dass der Stamm, an welchem die „Täufer" ein neuer Trieb sind, sehr alt und älter ist, als die Reformation, mit anderen Worten, dass die altevangelischen Gedanken, Grundsätze und Formen nicht als ein Erzeugnis des 16. Jahrhunderts gelten können.

Ferner habe ich nicht die blosse Anwendung mittelalterlicher Ketzernamen — es handelt sich dabei unter anderem auch um den Namen Spiritualen — auf die „Wiedertäufer" als „Hinweis" auf jene Thatsache betrachtet. Ich habe vielmehr nachgewiesen, dass dieselben Männer und Personen, die in den Gerichtsprotokollen und in anderen Quellen vor 1525 Spiritualen u. s. w. heissen, nach dem Aufkommen des von der Streittheologie erfundenen neuen Ketzernamens „Wiedertäufer" genannt werden, während diese Männer sich vorher wie nachher einfach Brüder und Christen und ihre Gemeinden eine Brüderschaft nannten. Wenn darin kein Hinweis auf geschichtliche Zusammenhänge liegt, der von der Streittheologie nach bekannten Methoden damals wie heute verdunkelt wird, dann weiss ich nicht, wo man kräftigere Hinweise finden will.

Ich will, um mich ganz deutlich auszudrücken, einige der von mir aufgeführten Beispiele hier wiederholen. Aus den uns erhaltenen Züricher Gerichtsakten geht hervor, das im Frühjahr 1522 eine Anzahl von Einheimischen und Auswärtigen, z. B. Claus Hottinger, Lorenz Hochrütiner, Hans Ockenfuss, Heinrich Aberli u. s. w. — es sind dieselben, in deren Kreis Ulrich Zwingli in den Fasten 1522 an einem Liebesmahle teilnahm — sich zu Andachten versammelten, und dass der „Leser" (Lektor) dieser Brüderschaft (wie sie sich nannten) Andreas auf der Stülzen war.

Im Volksmund nannte man die Andachten eine Ketzerschule, in den Protokollen des Gerichts hiessen die Mitglieder Spiritualen oder Spirituöser. Innerhalb dieses Kreises nun begann um die Wende des Jahres 1524/25 die Übung der Spättaufe und dieselben Männer und Personen werden nun in der Streittheologie „Wiedertäufer" genannt, während sie selbst ebenso die alten Namen beibehielten, wie das Volk den seinigen.

Aus den Quellen ergiebt sich ferner, dass diese Züricher Brüder auch in St. Gallen Brüder besassen und dass z. B. Lorenz Hochrütiner brüderlich in dem St. Galler Kreise verkehrte. Mitglieder dieser St. Galler Brüderschaft waren um 1523 unter anderem die Zunftmeister Mainradt Weniger und Gabriel Bilwiller, ferner Hans Ramsower, Ambrosius Schlumpf, Beda Miles Treier u. A. Die meisten waren Weber, sie versammelten sich im geheimen, zuerst in den Häusern der Genossen, später, als beim Ausbruch der grossen religiösen Bewegung die Gefahr des Bekanntwerdens minder gross wurde, im Zunfthaus der Weber und dann sogar an öffentlichen Orten. Dieselben Männer nun, die um 1523 im Geruch der „Ketzerei" standen, erscheinen nach 1525 als Mitglieder einer Brüderschaft, welche die Gegner Wiedertäufer nannten.

Das Amt des Lesers in dieser Brüderschaft übernahm seit Neujahr 1524 der damals 22jährige Joh. Kessler, der bis dahin in Wittenberg studiert hatte und der ganz zutreffend in seiner „Sabbatha" uns berichtet, dass die religiöse Bewegung, die bald nicht mehr zwischen vier Wänden im geheimen sich fortpflanzte, sondern auf dem Markt und in den Kirchen ausbrach, durch Luthers Auftreten veranlasst worden war. Dass aber die Brüderschaft, die den Kessler anstellte, durch Luther evangelisch geworden war, sagt Kessler nicht und konnte es nicht sagen, weil die von ihm vorgetragenen lutherischen Anschauungen schon nach wenigen Monaten zum Bruch mit der Brüderschaft führten und den Kessler zur Niederlegung seiner Amtes veranlassten[1].

---

[1] Ein kleiner Zug des Kesslerschen Berichts wirft auf den inneren Gegensatz, der zwischen den Anschauungen der Brüderschaft und den „neuen Evangelischen" frühzeitig bestand, ein sehr bezeichnendes Licht. Die Brüder wünschten, dass Kessler mit der Erklärung des ersten Kapitels des Johannes-Evangeliums beginnen möge, Kessler dagegen hielt es für richtig, die Auslegung des Briefes Pauli an die Römer zunächst vorzu-

Aus Lorenz Hochrütiners[1] Äusserungen kennen wir den Sachverlauf genau. In der That trat schon 1524 der Gegensatz der St. Galler Brüderschaft zu Luther scharf und bestimmt hervor.

Ich habe ferner darauf hingewiesen, dass in den Täufer-Prozessen des 16. Jahrhunderts dieselben Familiennamen zahlreich wiederkehren, deren Träger zwei oder drei Generationen vorher in den Inquisitions-Prozessen als „Waldenser" genannt werden. Wie mag es kommen, dass Haupt diese von mir betonten Thatsachen ebenso wie viele andere unterdrückt und verschweigt?

Ich kann auch hier nur wiederholen, was ich früher gegenüber der Lüdemannschen Kritik gesagt habe: wenn diese Methode, wie meine Kritiker rühmen, die wissenschaftliche ist, dann verzichte ich mit Vergnügen darauf, mich zu den Vertretern solcher Wissenschaft zu zählen.

Zum Schlusse will ich noch eins bemerken. Ich habe oft bei diesen Erörterungen das Gefühl, dass es vielen Historikern in diesen Dingen geht, wie Kindern mit den Sternen am Tage; da sie sie nicht sehen, so sagen sie und glauben: sie sind nicht da. Zeigt man sie ihnen am Abend, so glauben sie, sie seien erst seit Einbruch der Dunkelheit da oder der mitaufgehende Mond habe sie herbeigebracht.

---

nehmen, damit die Brüder lernten, „was Sünde, was Gesetz, was Evangelium sei". Der hier zum Ausdruck kommende Gegensatz vertiefte sich von da an immer mehr.

[1] Lorenz Hochrütiner war schon im November 1523 mit folgendem interessanten und wichtigen Briefe Conrad Grebels an Vadian in St. Gallen angekommen: „Ich schicke Dir," schreibt Grebel, „meinen Bruder Laurentius, welcher geächtet worden." In welchem Sinne Grebel den Namen Bruder gebrauchte (Hochrütiner war Weber, Grebel eines Patriziers Sohn und Humanist), ersehen wir aus einem Briefe an seinen Schwager Vadian vom 26. Oktober 1518, wo es heisst: „Käme ich doch soweit, Dich Bruder nennen zu können, aber zu gross ist der Unterschied zwischen mir und Dir." Im Jahre 1524 unterzeichnet Grebel einen Brief an Vadian: „Conrad Grebel, euer treuer Schwager; ich wollte lieber, dass wir einhellige Brüder in der Wahrheit Christi wären." Am 30. Mai 1525 schreibt Grebel an denselben: „ich danke Dir für Deine Wohlthaten, aber Deine Kämpfe gegen meine Brüder missbillige ich." Vadian hatte den Kampf gegen die Ketzerschule eröffnet. Aus dem Briefwechsel Vadians (hrsg. von V. Arbenz), St. Gallen, Huber u. Co. 1886. — Leider sind die 55 in St. Gallen vorhandenen wichtigen Briefe Grebels noch immer nicht vollständig gedruckt.

Es ist in der That fast kindlich, zu glauben, dass eine grosse religiöse Bewegung, die nicht getragen ist durch einen berühmten Namen, die in festen Organisationen, festen Formen, Ämtern und Namen und in bestimmt ausgesprochenen Grundsätzen mit ausserordentlicher Stärke fast gleichzeitig in weiten Gebieten seit 1522 an die Öffentlichkeit tritt und die sich unter heftigen Kämpfen mit Lutheranern und Katholiken, mit den Staatsgewalten und mit der Kirche behauptet, etwa erst seit 1517 aus der Erde gewachsen sei, erwachsen durch die Schriften eines Mannes, gegen dessen Lehren sie vom ersten Augenblick ihres öffentlichen Auftretens an einmütig Front macht. Es widerspricht aller geschichtlichen Erfahrung, dass eine neue Bewegung zuerst in abgelegenen Berggegenden, in stillen Thälern auf einsamen Bauernhöfen und in weltentlegenen Klöstern nachweisbar ist, dass überhaupt eine zunächst durch Bücher und Streitschriften hervorgerufene Reform gerade die kleinen Leute in damaliger Zeit am tiefsten erfasst. Zwar weiss man, dass es sehr alte Brüderschaften, welche die Gegner Waldenser nannten, um 1500 und 1510 in den Alpen und anderwärts noch zahlreich gegeben hat; wo diese um 1517 geblieben sind, darum macht man sich keine Gedanken; jedenfalls, wenn um 1522 Brüderschaften in denselben Gegenden auftauchen, die im Wesentlichen dasselbe glauben, was die älteren Brüderschaften glaubten, dann sind es die alten Brüderschaften nicht, auch keine neue Form der älteren Gemeinschaft, sondern eine „neue und unerhörte Sekte".

Oft fällt es schwer, keine Satire zu schreiben.

Während ich dies schreibe, ist mir in einigen Punkten eine Bundesgenossenschaft von einer Seite her erwachsen, von der ich eine solche durchaus nicht erwartet hatte. Es handelt sich um die soeben erschienene Schrift: Die christlich-sozialen Ideen der Reformationszeit und ihre Herkunft. Von D. Martin von Nathusius, Professor der Theologie in Greifswald.[1])

Allerdings — es liegt dem Verfasser nichts ferner als die Absicht, meine geschichtlichen Auffassungen mit neuen Beweisen

---

[1]) Auch unter dem Titel: „Beiträge zur Förderung der christlichen Theologie". Hrsg. von D. A. Schlatter, Professor in Berlin und D. H. Cremer, Prof. in Greifswald. Erster Jahrgang 1897. 2. Heft. Gütersloh, C. Bertelsmann 1897. 167 SS. 8°.

zu stützen; aber es scheint ihm aus allgemeinen, praktischen wie geschichtlichen Gesichtspunkten richtig, die innere Begründung dieser Auffassungen anzuerkennen. Damit stehen wir vor einer Wendung der Frontstellung, auf die wir den Finger legen wollen.

Aus dem Titel wie aus dem Inhalt der Schrift ist ersichtlich, dass hier der Versuch gemacht wird, moderne Parteibezeichnungen und Schlagworte in die geschichtlichen Vorgänge des 16. Jahrhunderts hineinzutragen, und das Bestreben des Verfassers geht ganz deutlich dahin, durch Aufzeigung von Ähnlichkeiten und Analogien auf die Kämpfe der Gegenwart einzuwirken.

Zu den Gegnern, deren Bekämpfung es gilt, zählt der Verfasser indessen meine Schriften nicht; er hat eingesehen (was ja auch auf der Hand liegt), dass diese Schriften zu christlich-sozialen Parteizwecken nicht geschrieben sind. Da er sich aber einen Historiker offenbar nicht vorstellen kann, dem es nur um die Feststellung geschichtlicher Thatsachen zu thun ist, selbst wenn er sich dabei auf die Seite des schwächeren Teils stellen muss, so setzt er voraus, dass ich im Interesse der Konfession schreibe, der ich angeblich angehöre, und erklärt mich kurzweg für den „Vertreter der modernen Täufer" und spricht von dem „Baptisten Keller" (S. 166). Damit ist ja denn allerdings die Ansteckungsgefahr einigermassen vermindert. Schade nur, dass ich nicht Baptist bin, sondern der evangelischen Kirche angehöre, in der ich geboren und erzogen bin.

Nathusius, der erklärt, nicht polemisieren zu wollen (S. 167), findet es merkwürdig, dass ein Schüler Ritschls, nämlich Adolf Harnack, in dem evangelisch-sozialen Wochenblatt Naumanns, Die Hilfe, 1896 Nr. 25 sich dem Gedankengange des „Baptisten Keller" in einem sehr wichtigen Punkte anschliesst; mir ist von einem solchen Anschluss bisher in Bezug auf Harnack-Naumann nichts bekannt geworden.

Es ist aber offenbar, dass Nathusius seine theologischen Gegner in die verdächtige Gesellschaft ehemaliger „Demagogen" und heutiger „Baptisten" zu bringen wünscht und dass ihm zu diesem Zwecke die Aufdeckung der geschichtlichen Zusammenhänge, wie er sie in meinen Schriften gefunden hat, von Wichtigkeit ist. Der Bauernkrieg, sagt Nathusius in der Einleitung, hat seine Vorgeschichte und seine „Wurzeln reichen zwei Jahrhunderte zurück". Die römische Geschichtschreibung begeht die Oberflächlichkeit, der Reformation Luthers alle Schuld an diesen unglücklichen Entwicklungen zu geben. Allerdings sind gewisse Beziehungen zwischen der kirchlichen Reformation und der sozialen Revolution vorhanden, aber die Entwicklung der Dinge ist nicht von Luther gemacht, sondern „von einer Gruppe von Männern", die von „ganz anderen Grundanschauungen ausgingen als er" — „von Anschauungen, die nur verstanden werden können aus der Vorgeschichte der Reformation, also den geistigen Bewegungen des Mittelalters". Diese „Gruppe von Männern" sind die Nachfolger der „Sekten" und „Schwärmer", wie der Geissler und gewisser Geheimbündler unter den Handwerkern.

Allerdings sind in der Sektengeschichte zwei Richtungen zu unterscheiden, eine rein religiöse, die viele gute Seiten besass und eine zweite, die ihren Ursprung auf rein politischem Gebiete hatte. Die letztere ist nach Nathusius (S. 6) diejenige Richtung, „die wir nicht anders als christlich sozial bezeichnen können"; ihr bedeutendstes Geistesprodukt in älterer Zeit ist nach Nathusius die Reformatio Sigismundi[1]). In der Reformationszeit hat sie ihren Hauptvertreter in Andreas Bodenstein von Carlstadt (S. 108). Luthers Lehre wurde von seinen „evangelischen Gegnern" falsch verstanden (S. 7). Da sein Kampf

---

[1]) Die früheste Urkunde für christlich-soziale Ideen ist nach Nathusius S. 81 die Weissagung von der Wiederkehr Kaiser Friedrichs II.; die wichtigste aber ist die Reformatio Sigismundi (S. 82); nach Nathusius sind hierin Einflüsse der Hussiten erkennbar; aber viele andere Gedanken dieser Schrift finden sich schon vor den Hussiten bei den „Sekten des Mittelalters". Es ist Nathusius offenbar unbekannt, dass die Reformatio in kirchlichen Kreisen ihren Ursprung besitzt. — Er räumt (S. 92 Anm. 1) im Anschluss an den von W. Köhler, Luthers Schrift an den christlichen Adel deutscher Nation etc. Halle 1895, gegebenen bezüglichen Nachweis ein, dass Luther die Reformatio Sigismundi gekannt hat; dagegen protestiert er lebhaft dagegen, dass Köhler beide Schriften in einem Satze als „christlich-sozial" bezeichnet. In Luthers Schrift sei durchaus „kein revolutionärer Zug", wie in der christlich-sozialen Reformatio; unbegreiflicher Weise scheine sogar Bezold Luthers Schrift für einigermassen revolutionär zu halten. Auch sei Luther zwar agrarisch, aber keineswegs (wie Köhler meint) demokratisch gewesen. Oder, fragt Nathusius, „ist agrarisch = demokratisch"? Die Frage über Luthers durchaus billigenswerte politische Ansichten müsse seit der Abhandlung von Lezius (Greifswalder Studien 1895) als endgültig entschieden gelten. Wer ist Lezius?

wider die „Christlich-sozialen" keinen Erfolg hatte, so war die Katastrophe unvermeidlich.

An einer anderen Stelle bezeichnet Nathusius seine ganze Schrift als eine „fortgehende Widerlegung" des von M. Goebel (1849) aufgestellten Satzes, dass „die Wiedertäufer" Kinder der Reformation seien. Nicht die Reformatoren seien die Väter dieser Bewegung, sondern aus dem Schosse der Sekten des Mittelalters seien sie erwachsen (S. 10). Ich habe also die Freude, in dieser Beziehung von Nathusius vollständig bestätigt zu sehen, was mir von ganz anderen Voraussetzungen aus als geschichtlich erwiesen gilt. Auch in manchen anderen Punkten, z. B. in Bezug auf die geschichtlichen Zusammenhänge der „Sekten" unter sich steht er im Wesentlichen auf meiner Seite und sehr richtig sagt er, die Ketzernamen seien wechselnd und verdankten ihren Ursprung vielfach nur dem Unverstand der Ketzerrichter (S. 10); auch ist es ganz zu unterschreiben, dass es meist nicht dogmatische, sondern religiös-sittliche Fragen waren, die sie zur Loslösung von der römischen Kirche bestimmten.

Aber gerade dies, die von den Sekten im Sinn des Christentums erstrebte Aufrichtung einer sittlichen Lebensordnung für die Gemeinde, erregt den grundsätzlichen Widerspruch Nathusius'. Nicht dies sei der Zweck des Christentums, sondern lediglich die „Erfahrung der Gnade" (S. 88), welche durch die Kirche vermittelt wird. Über die letztere Thatsache habe Luther (und er zuerst seit Paulus) die Welt von neuem aufgeklärt. Der entgegenstehende Grundsatz der Sekten sei es, der in christlich-soziale und revolutionäre Wege leite.

Freilich, sagt er, greift auch Luther in seinen Schriften die politischen Verhältnisse an; „aber Luther war als Theolog dazu nicht nur berechtigt, sondern verpflichtet, da die von ihm gerügten Missbräuche ausnahmslos Folgen eines Verderbnisses der Begriffe Gnade, Kirche u. s. w. waren". Luther sah also in den politischen Verhältnissen, die er bekämpfte, eine Versündigung gegen klare Gottesgebote (S. 91). „Wo Luther rein soziale (also nicht politische) Missstände bekämpft — ‹die Fuggers und dergleichen Gesellschaft› — bescheidet er sich ausdrücklich, auf dieselben nur hinzuweisen als ein ‹Theologus›, der Ärgernis zu strafen hat, nämlich das dem Volke unverstündliche Reichwerden in so kurzer Zeit; «das sollte göttlich und recht zugehen»? Aber er stellt nur die Frage auf und befiehlt dieselbe den Weltverständigen" (S. 93).

Auch Luther hat zwar nach Nathusius gewisse soziale Forderungen aufgestellt und erst recht viele seiner Anhänger, wie z. B. Eberlin von Günzburg. Dabei aber lässt sich beobachten, dass „die Stellung eine desto gesundere gewesen ist, je mehr sie sich Luther nähern und desto bedenklicher, je weiter sie sich von ihm entfernen" (S. 125).

Luther war stets entschieden gegen den Aufruhr und gerade hierdurch unterschieden sich seine sozialen Anschauungen sowohl von denen „der römischen Kirche wie der innerhalb der Sekten überlieferten Lehre Wiclifs, der die Grenze des Rechtes der Obrigkeit in der persönlichen Unwürdigkeit ihrer Vertreter sah". (S. 161.) Zu den Predigern des „Aufruhrs" gehört angeblich auch Balthasar Hubmaier. Man hätte erwarten dürfen, dass Nathusius auch die „Täufer" berücksichtigen würde; in der That sagt er, dass dies in seinem Plane gelegen habe und dass diese Lücke ein gewisser Mangel an seiner Arbeit sei. „Allein die Zeit hat» nicht wollen leiden." Auch würde man aus der Darstellung der Täufer lediglich „eine verkehrte Stellung zu den irdisch-sozialen Verhältnissen lernen". (S. 164.)

In der That ist es wohl für die Herde, zu deren Weidung Nathusius berufen ist, besser, dass sie diese „Ketzer" nicht kennen lernen.

Nachdem in dem kurzen Zeitraum weniger Monate ein Mitglied des Protestantenvereins, ein katholischer Mitarbeiter der protestantischen Realencyklopädie und ein lutherischer Theolog konfessioneller Richtung zur Frage des Täufertums das Wort ergriffen haben, hat nun auch die Harnack-Schürersche Theolog. Litteratur-Zeitung, die als ein Organ der Ritschlschen Schule gilt, in ihrer Nr. 9 vom 1. Mai d. J. sich geäussert und zwar im Anschluss an das oben besprochene Buch von Lüdemann. Ich würde keine Veranlassung haben, den Artikel im Zusammenhang dieser Erörterung zu erwähnen, wenn nicht der Verfasser — Herr Pastor G. Bossert in Nabern (Württemberg) — eine Art von persönlichem Appell an mich richtete, der eine Erklärung meinerseits herausfordert. Indem Bossert nämlich auf die angebliche Thatsache verweist, dass Ernst Müller in Langnau, der Verfasser des Werkes über die Geschichte der Bernischen Täufer (Frauenfeld, J. Huber 1895), durch Lüdemanns Schrift zu einer „Modifizierung seiner Ansichten" bestimmt worden sei, spricht er die Hoffnung aus, dass ich den gleichen Weg betreten werde. Ich weiss nicht, wodurch Bossert zu dieser Hoffnung sich bewogen gefunden hat; ich habe von meinen geschichtlichen Anschauungen, soweit es sich um die Grundlinien handelt, nichts zurückzunehmen, und ich fürchte, dass diejenigen, die darauf hoffen, sich enttäuscht finden könnten. Daher kann ich nur raten, solche Hoffnungen aufzugeben.

Im übrigen bin ich erstaunt, dass Bossert der Schrift Lüdemanns nicht nur unter den Fachgenossen, sondern „in weiteren Kreisen der evangelischen Kirche" Verbreitung zu verschaffen wünscht. Wenn er die Schrift als gelehrte Arbeit empfehlen zu müssen glaubt, so will ich mit ihm darüber nicht rechten; aber er giebt dieser Streitfrage, die sich bis dahin lediglich in den Kreisen der Fachgenossen abgespielt hat, eine ganz neue Wendung, wenn er sie durch solche Broschüren an breitere Kreise heranbringen zu sollen glaubt.

Ich habe bisher auf das sorgfältigste Alles vermieden, was dahin führen konnte, diese Sache auf die Strasse zu ziehen und ich hatte geglaubt, dass die Broschüre Lüdemanns nicht notwendig an diesem Stande der Dinge etwas zu ändern brauchte. Jetzt aber sehe ich, dass Lüdemanns Freunde[1]) die Sache anders verstehen: soweit es an ihnen liegt, soll die Schrift allgemeine Verbreitung finden, trotzdem Bossert selbst erklärt, dass Lüdemanns Angriffe gegen mich das erlaubte Mass überschreiten und trotz der Thatsache, dass Inhalt und Ton in hohem Grade geeignet sind, konfessionelle Leidenschaften wachzurufen. Ich nehme an, dass diese Gelehrten wissen, was sie thun. Nach meiner Ansicht ist es nicht geraten, an leicht entzündbare Stoffe den Feuerbrand so nah heranzubringen; wenn er zündet, schädigt die Flamme oft nicht bloss diejenigen, auf die es dabei in erster Linie abgesehen war.

---

[1]) Man vergleiche den Artikel des deutschen Protestanten-Blattes 1897 Nr. 6 über Lüdemanns Schrift, dessen Absichten sich in gleicher Richtung bewegen.